AF409923

EL PRIMER TOQUE DE TROMPETA
CONTRA EL MONSTRUOSO GOBIERNO DE LAS MUJERES

VERITAS TEMPORIS FILIA
La Verdad es hija del tiempo

Por John Knox

1558

El Primer toque de trompeta contra el gobierno
monstruoso de las mujeres / John Knox; trad, Carlos
Alarcón. – Chile: Editorial Taburete, 2019
104p.; 21X14cm

Primera edición en inglés, 1558
Título original: The First Blast of the Trumpet Against
the Monstruous Regiment of Women

ISBN: 978-956-09024-1-2

Traducción: Carlos Alarcón
Edición y maquetación: Javier Tolrraz
Portada: Nataly García

ed. taburete

Impreso en Chile en las dependencias de
Editorial Taburete.

"Aquellos que se han ido a Escocia
[estos son, los escoceses] fueron
recibidos por primera vez por el
gran John Knox.
Si lo describo como una especie
de apóstol a los escoceses en
la restauración de la verdadera
adoración de Dios, creo que habré
descrito la realidad ".

Teodoro de Beza

INDICE

PREFACIO DE JOHN KNOX.

RESPUESTAS A LAS OBJECIONES.

EL PRIMER TOQUE DE TROMPETA, PARA DESPERTAR POR EL DEGENERAMIENTO FEMENINO.

LA DECLAMACIÓN.

RESPUESTAS A LAS OBJECIONES.

LA ADMONICIÓN.

Y ahora, para poner fin al PRIMER TOQUE DE TROMPETA: viendo que por orden de la naturaleza; por la gran maldición pronunciada contra la mujer, por boca de S. Pablo, el intérprete de la sentencia de Dios; por el ejemplo de la nación en que Dios sembró su orden y su política; y finalmente, por el juicio de los escritores más piadosos, Dios ha desanimado a la mujer del gobierno, el dominio, el imperio y la autoridad sobre el hombre: Además, al ver que ni el ejemplo de Débora, ni la ley para las hijas de Zelofehad, ni tampoco el necio consentimiento de una multitud ignorante, podrá justificar lo que Dios ha condenado tan claramente; Que todos los hombres presten atención a la pelea y el motivo que a partir de ahora defiendan. Si Dios levanta un corazón noble para reivindicar la libertad de su país, y para reprimir el imperio monstruoso de las mujeres, que todos los que pretenden defenderlas, con toda seguridad, sepan que al hacerlo levantan la mano contra Dios, y que un día encontrarán su poder para luchar contra su insensatez. 87

APÉNDICE.

INTRODUCCIÓN
Edición de 2019, Rev. Juan Lobos

El último decenio ha sido muy generoso para los estudiosos de la reforma protestante y de sus principales exponentes. Esto debido principalmente al gran esfuerzo de muchas editoriales y hermanos desinteresados que se han esforzado en traducir obras, biografías y cuanto documento pueda aportar al conocimiento y al acercamiento al tema antes mencionado. Y aunque algunas de ellas nos llegan con un retraso de varios cientos de años, no dejan de tener plena vigencia para los temas que se discuten en la academia protestante y a los desafíos actuales que nos vemos enfrentados como herederos de la reforma en la actualidad.

Hemos sido testigos presenciales los últimos años del gran surgimiento de variado material biográfico y bibliográfico acerca de John Knox. Es increíble, el solo hecho de imaginar que durante años en este lado del mundo, se supiera muy poco o casi nada del insigne reformador de Escocia. Su reconocimiento a veces relegado a un grupo de eruditos y estudiosos cristianos y en la mayoría de los casos, negado incluso a pastores presbiterianos. A eso sumado el hecho de que no existía prácticamente nada escrito en español daba como resultado obligado un total desconocimiento de la obra y pensamiento de Knox.

Sin embargo, los últimos diez años ha habido en Hispanoamérica una gran producción bibliográfica (en su mayoría traducciones del idioma inglés) y también en otros formatos como videos, por ejemplo. Que dan cuenta del gran interés que se ha tomado el pensamiento presbiteriano, por conocer de la vida del fundador del presbiterianismo.

Lamentablemente, a pesar de la gran cantidad de información que se ha logrado reunir en torno a la figura del reformador escocés, con todo sigue siendo prácticamente un desconocido para sus observadores contemporáneos. Para la mayoría un hombre de ceño fruncido, intransigente y autoritativo.

Dentro de este contexto, la vida y obra del insigne reformador escocés llamado John Knox, cabe dentro del grupo de documentos que recién comienzan a descubrirse en nuestro idioma.

La vida política y religiosa de Knox, generalmente es asociada con una actitud tozuda, intransigente, vehemente y en la mayoría de los casos de una persona irreverente y de una gran animadversión hacia la autoridad, especialmente la ejercida por las mujeres de su época.

En esta breve introducción a la lectura de este texto, lectura que marca el polémico inicio literario de Knox, quisiera llevarlos a considerar el aspecto más discutido en la vida de Knox, tal cual era su relación con el gobierno femenino.

"El monstruoso gobierno de las mujeres"

Tal es el subtítulo del libro publicado por Knox en 1558, cuyo título completo era el siguiente: "El primer toque de trompeta contra el reinado monstruoso de las mujeres". En este libro, el autor, quería hacer pública su crítica hacia las monarcas católicas: María de Guisa, reina de Escocia (1554 a 1560) y su contemporánea de Inglaterra María Tudor (1553 a 1558).

Entre las acusaciones presentadas en su contra se puede leer: "Opresión hacia sus pueblos", "Crueles", "despiadadas", "Soberbias", "Codiciosas", "Verdaderas Jezabeles" (Haciendo referencia a la nefasta monarquía femenina del Antiguo Testamento) Además las culpaba directamente de la sangre derramada por los mártires protestantes y del retraso del avance de la fe reformada en sus reinos.

En su ímpetu Knox, para culminar rápidamente el proceso de reforma iniciado en su querida Escocia. El pastor, prontamente se encontró con muchas trabas en su trabajo misional. Tuvo, sin duda alguna que lidiar con gran oposición, principalmente de las reinas de Escocia e Inglaterra, como ya hemos mencionado. Por un lado, la reina de Escocia, María de Guisa, asume la regencia del reino luego de la muerte de su esposo, el rey Jacobo V. Esta reina, con más afinidad hacia los franceses y el papado demoró cuanto pudo el avance de la fe reformada en su reino.

Por otro lado, el pastor Knox, tuvo que hacer frente también a la reina María Tudor, la tristemente célebre "María la sanguinaria." Ella vuelve a instaurar el romanismo en Inglaterra, y se esfuerza en erradicar totalmente el protestantismo de sus tierras, no solo con el exilio sino, también con la muerte de muchos cristianos protestantes. Si ha esto se le suma el gobierno de Catalina de Médecis, la instigadora de la famosa "Matanza de San Bartolomé", noche en la que miles de Calvinistas de Francia perdieron su vida, siendo asesinados por las huestes romanas. En su propia nación, además, Knox, tuvo que vivir el gobierno de la reina María Estuardo y sus esfuerzos por volver a instaurar el romanismo como la religión oficial de Escocia.

Por lo tanto, dentro de este contexto, con estas mujeres y sus acciones de persecución y exterminio de la fe protestante y gobernando en contra de los intereses de la reforma, nos parecería apropiado e incluso justificado que el reformador de Escocia dirigiera sus criticas hacia estas mujeres.

John Knox, al igual que los otros reformadores, utilizan el Antiguo Testamento como prisma para interpretar la realidad que les rodea. Las permanentes comparaciones. de sus sufrimientos con los pasados por los profetas bíblicos, especialmente de Jeremías e Isaías. Le llevan constantemente a criticar en duros términos a la reina a quien como hemos dicho, la compara con Jezabel, la reina idólatra de la época antigua de Israel. Knox, con el apoyo que encuentra en Las Escrituras afirma que "Es idolatría todo aquello que no era orden directa de Dios" En ese contexto el insigne reformador es implacable: "El papa de roma es idólatra, el mayor de todos." Knox, tiene una obligación moral, política y religiosa de denunciar todo aquello que no está ordenado por Dios, como pecado e idolatría. Y bajo ese concepto cabe entonces, el reinado y gobierno de las mujeres.

"Es monstruoso", "antinatural". Así afirma el reformador en su "Primer toque de trompeta." No puede concebir Knox, que una mujer ejerza dominio y autoridad, "Va en contra de las leyes de Dios". Lo que argumenta básicamente es que "las hijas de Eva" están bíblicamente bajo condena y castigo, han quebrantado la orden dada por Dios allá en el Paraíso. Por lo tanto, y en base al mismo juicio de Dios, las mujeres deben estar sujetas a la autoridad del hombre. Siguiendo este razonamiento del reformador, podemos entender entonces lo que afirma, que una mujer no puede tener autoridad sobre los hombres, no solo no es bíblico sino, también que es antinatural. Una mujer que ocupe el gobierno por sobre los hombres, es una usurpación, es una violación del mandato de Dios. Haciendo gala de todo su conocimiento de las doctrinas de Los Padres de la Iglesia, va a desarrollar la conclusión de que "No hay salvación fuera de la sumisión y el acatamiento de la autoridad del hombre." Para Knox, el hecho de que gobierne una mujer es el signo de la debilidad del hombre, de la enajenación de la orden divina de que es el hombre quien debe ejercer autoridad, autoridad que nace de la voluntad propia e inmutable de Dios. El gobierno femenino es entonces, indicio de "degeneración y trastorno".

Knox, va a recurrir a la imagen de Jezabel, para explicar como Dios castiga al hombre por su necedad y debilidad al aceptar la sumisión a la autoridad femenil.

Históricamente, la idea de que la mujer no puede gobernar ni ejercer autoridad sobre los hombres no es nueva, es más es muy común en el contexto inmediato del pastor Knox. Por lo que su libro en contra del gobierno de las reinas no provoca gran sorpresa ni revuelo en sus lectores y mucho menos en la sociedad que le rodeaba. Sin embargo, es interesante notar, que a raíz de este libro, que en estricto rigor, era el primero de una futura trilogía, algunos de sus compañeros de batalla por la fe reformada le abandonaron o derechamente no estuvieron de acuerdo con la dureza de Knox, hacia las reinas. (Vea "Works of de John Knox, vol. 6, página 14).

Knox, no solo criticaba en forma sistemática la forma de gobernar (Las acusaba incluso de traición, por sus pactos con extranjeros), lo que podríamos llamar la política externa. Lo hacía también con la forma que gobernaban internamente y por "ser tropiezo para el avance de la reforma protestante". Criticaba por sobre todo la legitimidad de sus reinados, inclusive llamaba a los cristianos a la desobediencia civil, les llamaba e instaba a la obligación de rebelarse contra la tiranía de las reinas ilegitimas e idólatras. Lo que causó temor incluso, como hemos mencionado más arriba, que muchos protestantes, se retractaran de las palabras del reformador y llegaran incluso a escribir algunos folletos en contra de lo publicado por John Knox.

La obra de Knox, su vida, son el reflejo de un real compromiso con el evangelio. Es la historia de un hombre vehemente, que defiende aún a precio de su vida lo que ha recibido del evangelio, no está bajo ningún punto de vista de acuerdo en retractarse, ni mucho menos disculparse con el objetivo de salvar inclusive su integridad física. Su vida es un libro abierto que nos muestra en sus páginas el avance y la consolidación del evangelio en la Gran Bretaña. Es una muestra clara del carácter del reformador quien no duda entre obedecer a las mujeres o a Dios. Sin duda alguna, también un desafío para la Iglesia de hoy.

INTRODUCCIÓN
Edición de 1878, Edward Arber.

En el momento en que se escribió esta sección, los destinos, inmediatos y prospectivos, de la fe protestante parecían estar totalmente en el regazo de cinco mujeres, a saber:

CATHERINE DE MEDICI, reina de Francia; MARIE DE LORRAINE, reina regente de Escocia, cuya única heredera fue su Hija MARY después reina de escoceses; MARY TUDOR, reina de Inglaterra, teniendo como heredera a su princesa ELIZABETH.

De estas, la última, también de menor importancia en este momento, estando en confinamiento, fue la única esperanza de los reformadores. Las otras cuatro, en gran parte dirigiendo los asuntos de los tres reinos, fueron firmemente hostiles a la nueva fe. En verdad, las probabilidades eran contrarias. Quién podría haber anticipado que, dentro de los tres años posteriores a la escritura de este libro, tanto MARY TUDOR como MARY DE LORRAINE habrían fallecido; que el mismo KNOX hubiera estado en Escocia llevando a cabo la Reforma; y que ELIZABETH hubiera comenzado su maravilloso reinado. Un cambio tan vasto en el mundo político estaba más allá de toda previsión razonable.

Mientras tanto, solo estaba presente en la visión y el corazón del Reformador mientras miraba hacia el mar, desde Dieppe, pero el incesante incendio de los fuegos de los mártires que se extendían desde Smithfield por toda Inglaterra. Mes tras mes, este trabajo horrible se llevó a cabo deliberadamente y fue aumentando en intensidad.

Sabemos que nuestro país está dispuesto a orar por las naciones extranjeras, derramamos la sangre de nuestros hermanos, los miembros de Cristo Jesús, cruelmente derramada, y el imperio monstruoso y cruel de mujeres (que excluye el consejo secreto de Dios) que conocemos para ser la primera ocasión de todas las miserias: y, sin embargo, con el silencio, pasamos el tiempo como si el asunto no hiciera nada al respecto de nosotros.

El vigor de la persecución había sacado a todos los corazones de los protestantes. ¿Esto iba a durar para siempre? Con el corazón destrozado por la despiadada masacre, como nosotros, en nuestros días, hemos estado a causa de los horrores del motín indio o de las atrocidades búlgaras, el reformador buscó conocer la ocasión de todas estas calamidades. En ese momento, lo encontró en el Imperio de la Mujer. Luego refirió gran parte de este libro al momento en que fue escrito ¿Diremos que su corazón obligó a su cabeza a este argumento, que su indignación enredó su comprensión sobre este tema? Así como MILTON fue llevado a la discusión de las condiciones del divorcio, a través de su deserción por su esposa MARY POWELL[1]; así que los fieros martirios de Inglaterra llevaron a KNOX a denunciar al sexo femenino en la persona de ella a la que todavía llamamos *"Bloody MARY"* (María la sanguinaria), que fue la ocasión de todas ellas.

Si en el momento más feliz de su sueño más feliz, JOHN KNOX podría haber previsto que nuestra buena y venerada Reina VICTORIA reinaba en los corazones de los millones de sus súbditos, y que

---

1   El editor Edward Arber cita el caso de John Milton y su esposa Mary Powell, quien tras unos pocos meses de estar casado abandona a su esposa por cerca de 3 años, argumentando incompatibilidad, periodo en el cual escribe algunos tratados sobre el divorcio indicando la voluntad individual para mantener el vínculo del matrimonio, entre otros. Se cree que el motivo de la deserción fue la diferencia etaria, ya que John tenía 34 años y Mary solo 17 al momento de casarse en 1642; incluso la diferencia política, siendo él progresivamente anti-realista, y ella de una familia realista. Sin embargo, tras el regreso de Mary tienen dos hijas: Anne y Mary; falleciendo su esposa en 1652 después de dar a luz a su última hija: Deborah.

gobernaba un Imperio mucho más amplio que los de España y Portugal en su día; si hubiera podido ver Inglaterra y Escocia UN PAÍS, con el nombre que, casi como profecía, les ha anunciado en este tramo, "la isla de Gran Bretaña"; si hubiera podido contemplar ese país como ahora reside en su fuerza y su riqueza, el más poderoso de los estados europeos; si hubiera podido realizar la Italia libre de Roma, los Papas sin poder temporal, y la civilización moderna más que un rival para las intrigas papales; si hubiera podido saber que el evangelio por el que vivió había regenerado la vida social de Gran Bretaña, que era la base confesada de nuestra acción política y la primavera perenne de nuestras actividades cristianas, de modo que no solo en la fuerza física, sino en moral, fuerza e iluminación mental estamos en la vanguardia de las naciones del mundo: si el gran Reformador escocés hubiera tenido un atisbo de esta realidad presente, este tracto nunca se habría escrito, y habría cantado voluntariamente el canto del anciano SIMEON y se habría quedado sin vida[2]. Pero esta obra fue la descendencia de la hora de oscuridad, si no de desesperación. Algo se debe hacer. Como guerrero de la pluma, forjaría un argumento general en contra de todo gobierno femenino que destruiría inclusive el derecho legal de MARY a continuar con estas atrocidades.

II.

La primera nota de ese toque de trompeta, "El Reino pertenece a nuestro DIOS", nos muestra la gran diferencia entre la forma en que los hombres consideraban al Ser Todopoderoso antes y ahora. ¡Debemos decir que el temor de la Deidad ha desaparecido! Ahora se pone tanto énfasis en la paternidad de Dios: en la época de KNOX, era su poder defender a los suyos o vengarse de todos sus asesinos. Ambos puntos de vista son ciertos. Sin embargo, esta época parece faltar en

---

2   Lucas 2:25-35.

una reverencia general y profunda por Su gran nombre y carácter.

KNOX parece un gran vidente hebreo cuando pronuncia así la perdición de Mary y sus adeptos:

El mismo Dios que ejecutó este severo castigo, incluso por las manos de quienes permitió dos veces que fuera vencido su pueblo en la batalla, este día conserva su poder y justicia. La maldita Jezabel de Inglaterra, con la generación despreciable y detestable de los papistas, no se jacta de alardear, de que han triunfado no solo contra Wyatt[3], sino también contra todos los que han hecho algo contra ellos o contra sus procedimientos. Pero que ella y ellos consideren, que aún no han prevalecido contra Dios; Su trono es más alto que el alcance de sus cuernos. Y que sigan considerando que, al comienzo de este reinado sangriento, la cosecha de su iniquidad no llegó a la madurez completa: ¡No! Era tan verde, tan secreto que quiero decir, tan cubierto y tan escondido de hipocresía, que algunos hombres (incluso los siervos de Dios) pensaron que no era imposible, pero que los lobos podían convertirse en corderos, y también que la víbora podría retirar su veneno natural. Pero Dios, quien reveló en su tiempo los secretos de los corazones, y eso hará que sus juicios sean justificados incluso por los malvados, ha dado testimonio abierto de ella y su crueldad bestial. Para el hombre y la mujer, sabios e ignorantes, los nobles y los hombres de la clase inferior, los padres ancianos y las tiernas doncellas, y, finalmente, los huesos de los muertos, tanto las mujeres como los hombres, han probado su tiranía. De modo que ahora, no solo la sangre del Padre Latimer, del apacible hombre de Dios, el Obispo de Canterbury, del sabio y discreto Ridley, de la inocente Lady Jane Dudley[4], y muchos predicadores

---

3   Sir Thomas Wyatt, líder de una rebelión fallida contra el régimen de Mary Tudor en 1554, que resultó en su ejecución.
4   Hugh Latimer, obispo de Winchester, Nicholas Ridley,

piadosos y dignos que no pueden ser olvidados, como el fuego ha consumido, y la espada de la tiranía más injustamente se ha derramado, clama venganza en los oídos del Señor Dios de los ejércitos; pero también los sollozos y las lágrimas de los pobres oprimidos, los gemidos de los ángeles, los vigilantes del Señor, sí, y todas las criaturas terrenales abusadas por su tiranía, lloran continuamente y exigen la ejecución apresurada de la misma. Temo no decir que el día de la venganza que aprehenderá a ese horrible monstruo Jezabel de Inglaterra, y tal como se ha mantenido su monstruosa crueldad, ya está señalado en el consejo del Eterno: y realmente creo que está tan cerca, que ella no reinará tanto en la tiranía como hasta ahora ella ha hecho, cuando Dios se declare a sí mismo como su enemigo, cuando él derramará su desprecio sobre ella de acuerdo a su crueldad, y avivará los corazones de los que a veces la favorecieron con odio mortal contra ella, para que puedan ejecutar sus juicios. Y, por lo tanto, que los que la ayuden, presten atención a lo que hacen.

A un año de la redacción de este, MARY TUDOR había muerto, y el sistema de la cual ella era el centro también estaba muerto.

III.

Hay algunos asuntos incidentales notables en este tramo.

Primero en materia de Estado. Como

"Los españoles son judíos y se jactan de que Mary de Inglaterra es la raíz de Jezabel".

El testimonio más importante de que la Reforma bajo EDUARDO VI fue principalmente obra del Rey

---

obispo de Londres, y Thomas Cranmer, arzobispo de Canterbury, fueron quemados en la hoguera en 1555-6. Lady Jane Gray, esposa de Guildford Dudley, fue proclamada reina en 1553 y ejecutada tras el fracaso de la rebelión de Wyatt en 1554.

y su corte; como lo había sido en los días de su padre HENRIQUE VIII.

"Porque, aunque no dejaste de percibir beneficio tras beneficio durante el reinado de un rey inocente y tierno, ningún hombre reconoció tu mano poderosa y tu maravilloso trabajo. El coraje robusto de los capitanes, el ingenio y la política de los consejeros, el aprendizaje de los obispos, te robaron tu gloria y honor. Por lo que entonces se escuchó como concerniente a la religión, pero, los procedimientos del rey ¡los procedimientos del rey deben ser obedecidos! Está promulgada por el Parlamento, por lo que es traición hablar en sentido contrario".

La astucia política del escritor sobre el enredo de Inglaterra en la guerra española contra Francia, por la cual perdimos Calais el 6 de enero de 1558.

"Ven su propia destrucción y, sin embargo, no tienen la gracia de evitarla. Sí, se han vuelto tan ciegos, que, conociendo el foso, se lanzan precipitadamente al mismo, como lo hace hoy la nobleza de Inglaterra, luchando en la defensa de su enemigo mortal, el español. Finalmente, están tan desprovistos de comprensión y juicio, que aunque saben que hay libertad de la que han disfrutado sus predecesores, se ven obligados a inclinarse ante el yugo de Satanás y de sus orgullosos ministros Papistas pestilentes y orgullosos españoles. Y, sin embargo, no pueden considerar que donde una mujer reina y los papistas tienen autoridad, se necesita a Satanás, como presidente del consejo".

La ausencia de una alusión específica a Calais muestra que este libro fue escrito en su totalidad antes de su captura.

A continuación, en la imagen con la que expresa su percepción de la naturaleza de las cosas. Como

"Es una cosa muy difícil para un hombre (ya que nunca fue tan constante) promovido a honores, no para ser cosquilleado con orgullo; (porque el viento de vanagloria se lleva fácilmente el polvo seco de la tierra)".

"... De los espíritus sabios, políticos y tranquilos de este mundo"

"La verdad de Dios es de esa naturaleza, que en un momento u otro adquirirá a la audiencia. Es un aroma que no puede ser suprimido; sí, es una trompeta que sonará a pesar del adversario".

Por último, la maravillosa atadura a las mujeres en todo: culminando en

"Mujer... Tú eres el puerto y la puerta del diablo".

IV.

Esta obra es, por lo tanto, para nosotros más bien "el gemido de este ángel", de este "vigilante del SEÑOR" en el sometimiento nacional, los martirios ardientes, "los sollozos y lágrimas de los pobres oprimidos", que la expresión de cualquier principio fundamental sobre el cual Dios ha constituido la sociedad humana. Intelectualmente, hay parcialidad, olvido y desproporción en el argumento. Se aplica tanto a un hombre como a una mujer, y más a una malvada que a una buena mujer. Comenzó asumiendo que casi todas las mujeres con autoridad eran malvadas. Sin embargo, el tiempo altera muchas cosas; y vivió para amar y reverenciar a la reina ELIZABETH.

Así que estas notas de trompeta son el derramamiento de una naturaleza muy grande, si no de un gran pensador; de uno cuya absoluta e intrépida devoción a DIOS, a la verdad, al derecho, cuya ardiente indignación contra la mala conducta y la fe en la venganza divina para alcanzarla, le encomendó realizar el trabajo de un gigante en la Reforma, y consagrará su memoria en

el afecto de todos los hombres buenos hasta el tiempo
terminará.

EXTRACTO DEL PREFACIO DEL SR. DAVID LAING

Con algunos otros consejos, admitido agradecidamente.

De los diversos escritos del Reformador, ninguna fue la ocasión de incitar más odio que su Primer toque de trompeta contra el monstruoso gobierno de las mujeres. A diferencia de todas sus otras publicaciones, apareció de forma anónima, aunque no tenía intención de ocultar su nombre. Su propósito era, como él nos dice, *"Tres veces tocar la trompeta en el mismo asunto, si Dios así lo permite"*, y, en la última ocasión, anunciarse como el escritor, para evitar que se culpe a otros. Esta intención, como bien se sabe, nunca se llevó a cabo. Que los puntos de vista de KNOX estuvieran en armonía con los de sus colegas, GOODMAN, WHITTINGHAM y GILBY, necesita ser declarado: pero la recepción de la pequeña obra confirmó completamente la opinión del autor, de que no escaparía a "la represión de muchos". Esto puede atribuirse en gran medida al curso de los eventos públicos a los pocos meses de su publicación.

El tema del gobierno femenino había llamado su atención en un período anterior. Una de sus preguntas enviadas a BULLINGER en 1554 fue *"¿Si una mujer puede presidir y gobernar un reino por derecho divino?"* Y en respuesta a algunas dudas sobre la vestimenta de la mujer, él mismo dice que *"si las mujeres asumen el cargo que Dios le ha asignado a los hombres, no escaparán a la maldición divina".* En sus "Adiciones" a la "Disculpa por los protestantes en prisión en París", expresa su convicción de que el gobierno de los Príncipes había llegado a ese estado de iniquidad en el sentido de que *"ninguna persona piadosa puede gozar de un cargo o autoridad bajo ellos".* Esta afirmación, de hecho, no era especialmente aplicable al gobierno femenino, pero sus sentimientos en referencia a las persecuciones en

Inglaterra bajo MARY y en Escocia bajo la Reina Regente, lo impulsaron a tratar un tema que todos los demás en ese momento parecían evitar con toda su diligencia.

Su primer toque de trompeta fue escrito en Dieppe hacia fines de 1557; y se imprimió a principios del año siguiente en Ginebra, como se puede ver en comparación con otros libros de la prensa de JOHN CRESPIN en esa ciudad.

Una copia de la obra que se envió a JOHN FOX, que luego residía en Basilea, escribió "una carta amorosa y amistosa" al autor, en la que se burla de él por la impropiedad de la publicación. En la respuesta de KNOX, fechada el 18 de mayo de 1558, él dice que no excusará "su grosera vehemencia y sus afirmaciones desconsideradas, que pueden parecer más bien provenir de la cólera que del celo o la razón". "Para mí", agrega, "es suficiente decir que el negro no es blanco, la tiranía de un hombre y la insensatez no es la ordenanza perfecta de DIOS".

El trabajo similar de GOODMAN sobre la obediencia a los poderes superiores que apareció en Ginebra casi al mismo tiempo, también fue sugerido por el espíritu perseguidor que prevaleció. Pero ambas obras se publicaron de manera algo inusitada, ya que se puede haber discutido más acertadamente cuando un rey para ocupar el trono, como se ha dicho, las preguntas sobre "Gobierno" y "Obediencia", tal como se ha observado. Los términos utilizados por GOODMAN en referencia a MARY, reina de Inglaterra, no son menos violentos que indecorosos. Murió el 17 de noviembre de 1558, y su sucesor consideraba a los autores de esas obras con el mayor disgusto; Aunque ninguno de ellos, en sus escritos, tenía alguna referencia especial o la menor intención de ofender a la reina ELIZABETH...

Que estas obras, y todas las personas que se supone deben tener sentimientos similares, deben considerarse con una marcada aversión por parte de la reina ELIZABETH, no deben sorprender a nadie.

A principios del año 1559, CALVINO revisó y volvió a publicar sus Comentarios de ISAIAS, originalmente dedicado a EDWARD VI en 1551; se dirigió a la obra en un Epístola impresa a Su Majestad, pero su mensajero le hizo saber que su homenaje no fue recibido amablemente por Su Majestad, porque se había ofendido con él por algunos escritos publicados con su aprobación en Ginebra.

CALVINO se sintió tan molesto por esta imputación, que dirigió una carta[5] a Sir WILLIAM CECIL, en la que se expresa con un pequeño grado de aspereza sobre el tema del Primer toque de trompeta de KNOX. Él dice:

"Hace dos años [en 1557] JOHN KNOX me preguntó, en una conversación privada, qué pensaba sobre el Gobierno de la Mujer. Respondí con franqueza que, como se trataba de una desviación del orden original y propio de la naturaleza, se debía clasificar, no menos que a la esclavitud, entre los castigos resultantes de la caída del hombre: pero que ocasionalmente había mujeres tan dotadas, que las buenas cualidades singulares que brillaban en ellas lo hicieron evidente y fueron levantadas por la autoridad divina; ya sea que DIOS haya diseñado tales ejemplos para condenar la inactividad de los hombres, o por la mejor manifestación de su propia gloria. Traje a Hulda y a Débora; y agrego, que DIOS no prometió en vano por la boca de Isaías que "las reinas deben ser madres lactantes de la Iglesia"; por lo cual es muy evidente que se distinguen de las mujeres

____

5   La carta no tiene fecha, pero fue posterior a una escrita el 29 de enero de 1559 (es decir, 1560), Zurich Letters. Second Series, p. 35.]

en la vida privada. Llegué extensamente a esta conclusión, que dado que, tanto por costumbre como por consentimiento público y larga práctica, se ha establecido que los reinos y los principados pueden descender a las mujeres por derecho hereditario, no me pareció necesario avanzar en la cuestión, no sólo porque la cosa sería muy odiosa; sino porque en mi opinión no sería lícito perturbar a los gobiernos que están ordenados por la propia providencia de Dios.

No sospechaba del libro, y durante todo un año ignoraba su publicación. Cuando ciertas partes me informaron de ello, manifesté lo suficiente mi descontento por la publicación de tales paradojas; pero como el remedio era demasiado tarde, pensé que el mal, que ahora no podía corregirse, debería ser enterrado en el olvido antes que convertirse en una cuestión de agitación.

Pregunte Ud. también a su suegro [Sir ANTHONY COOKE] cuál fue mi respuesta, cuando me informó de las circunstancias a través de Beza. Y MARY seguía viviendo, por lo que no podía ser sospechada de adulación.

Lo que contienen los libros, no lo puedo decir; pero el mismo KNOX permitirá que mi conversación con él no sea otra que la que ahora he establecido."

Luego Calvino procede a decir que esa gran confusión podría haber surgido por una oposición decidida, y que habría habido motivos para temer, que en tal caso:

Debido a la arrogancia irreflexiva de un individuo, la miserable multitud de exiliados habrían sido expulsados, no solo de esta ciudad [de Ginebra] sino incluso de casi todo el mundo.

Unos años más tarde, y con posterioridad a la muerte de CALVINO, BEZA, en una carta para BULLINGER, anuncia el disgusto de la reina ELIZABETH con la Iglesia de Ginebra. En su carta, fechada el 3 de septiembre de 1566, dice:

> *"Por lo que respecta a nuestra Iglesia, quiero que sepa que es tan odioso para la Reina [de Inglaterra], que por esta razón ella nunca ha dicho una sola palabra en reconocimiento del don de mis Anotaciones [en el Nuevo Testamento]. La razón de su aversión es doble; uno, porque somos considerados demasiado severos y precisos, lo cual es muy desagradable para aquellos que temen la reprobación; el otro es, porque anteriormente, aunque sin nuestro conocimiento, durante la vida de la Reina MARY, aquí se publicaron dos libros en inglés, uno por el Maestro KNOX contra el Gobierno de las Mujeres, el otro por el Maestro GOODMAN sobre los Derechos del magistrado.*

> *Tan pronto como aprendimos el contenido de cada uno, nos sentimos muy disgustados y, en consecuencia, se prohibió su venta; pero ella, no obstante, aprecia la opinión que ha tenido en cuenta en su cabeza*[6].

---

6   Zurich Letters. Second Series, p. 34.

EL PREFACIO

El reino perteneciente a nuestro Dios.

La pregunta es, que entre tantos intelectos nacidos como la isla de Gran Bretaña ha producido, tantos predicadores piadosos y celosos como Inglaterra alguna vez alimentó, y entre tantos eruditos, y hombres de juicio serio, como en este día fueron exiliados por Jezabel, no se encontró ninguno de recio de coraje, tan fiel a Dios, ni de tal amor a su país de origen, que se atreva a advertir a los habitantes de esa isla, cuán abominable ante Dios es el gobierno de una mala mujer, traidora y bastarda; y lo que puede un pueblo o nación, desprovisto de una cabeza lícita, hacer por la autoridad de la Palabra de Dios en la elección y designación de los gobernantes y magistrados comunes. Esa isla (¡Ay de ella!) por el desprecio y horrible abuso de la misericordia ofrecida por Dios, por la vergonzosa rebeldía de Satanás hacia Cristo Jesús y de su Evangelio una vez profesado, hace plena justicia de ser dejado en manos de sus propias asambleas, y así llegar a la confusión y la servidumbre de los extraños. Pero todavía temo que esta negligencia universal de como a veces fueron estimados estos vigilantes, agravará más bien nuestra ingratitud anterior, más que excusar nuestro universal e impío silencio en tan importante materia. Vemos a nuestro país estar listo para ser una presa de las naciones extranjeras, oímos la sangre de nuestros hermanos, los miembros de Cristo, siendo derramada cruelmente y el imperio monstruoso de una mujer cruel (que ha excluido el consejo secreto de Dios) que sabemos es la única razón de todas esas miserias y, sin embargo, con el silencio se pasa el tiempo, como si el asunto no nos correspondiera. Pero los ejemplos contrarios de los antiguos profetas sobre esto me mueven a dudar de nuestros hechos. Israel rechazó universalmente a Dios por la idolatría abrazada bajo Jeroboam [1 Reyes 12]. En lo que continuaron incluso con la destrucción de su Nación. Y Judá con Jerusalén siguieron la superstición común y maldad abierta de Samaria [Ezequiel 16]. Pero aún no cesaron los Profetas de Dios de amonestar a la una y la otra, incluso después de que Dios había derramado su plaga sobre ellos. Jeremías [Jer. 29] escribió a los cautivos en Babilonia y corrigieron su error, simplemente instruyendo a los que quedaban en el medio de esas naciones idólatras. Ezequiel, de en medio de sus hermanos prisioneros en Caldea, escribió su visión a los que estaban en Jerusalén y marcadamente reprendió y a su vez les aseguró que no debían escapar de la venganza de Dios, a causa de sus abominaciones cometidas [Ezequiel 7-9].

Los mismos profetas, para consuelo de los afligidos y santos escogidos de Dios, que se encontraban escondidos entre los reprobados de esa época (como comúnmente se da con el maíz entre la paja), profetizaron, y antes de hablar de los cambios en los reinos, los castigos de los tiranos y la venganza que Dios ejecutaría sobre los opresores de su pueblo [Isa. 13; Jer. 46; Ez. 2]. Lo mismo hizo Daniel y el resto de los profetas, cada uno en su tiempo. Por cuyos ejemplos, y por el llano precepto que se le da a Ezequiel, ordenándole que diga a los impíos: *"De muerte de incircuncisos morirás, por mano de extranjeros"* [Ez. 28:10], nosotros en esta nuestra miserable época estamos obligados a amonestar al mundo y a sus tiranos, de su destrucción súbita, para asegurarles y llorarles, ya sea que quieran escuchar o no, *"que la sangre de los santos, que por ellos es derramada, llore continuamente y anhela la venganza en la presencia del Señor de los Ejércitos"*. Y además, es nuestro deber dar a conocer la verdad revelada a nosotros, al mundo ignorante y ciego; a menos que, para nuestra propia condena, preferimos envolver y ocultar el talento comprometido con nuestro cargo. Estoy seguro de que Dios ha revelado a algunos en esta época nuestra que es más que un monstruo en la naturaleza que una mujer reine y tenga un imperio sobre el hombre. Y, sin embargo, con todos nosotros hay tal silencio, como si Dios no se hubiera ofendido con eso.

El hombre natural, enemigo de Dios, encontrará, lo sé, muchas causas por las que no debería publicarse tal doctrina en aquellos peligrosos días. En primer lugar, porque puede parecer tendiente a la sedición. En segundo lugar, sería peligroso, no sólo para el escritor o editor, sino también para todos aquellos que lean los escritos o simpaticen con esta verdad hablada: y, por último, no corregirá a los principales infractores, en parte porque nunca llegará a sus oídos, y en parte porque no serán amonestados en tales casos. Respondo, si alguno de estos es motivo suficiente, para que se eluda una verdad conocida, de lo que fueron los antiguos profetas de Dios, muy tontos, que no mejor proveían su propia tranquilidad, sino que arriesgaban sus vidas para reprender los vicios y la apertura de tales crímenes que no se conocían al mundo. Y Cristo Jesús persuadió a sus apóstoles, ordenándoles predicar el arrepentimiento y la remisión de los pecados en su nombre a cada reino y nación. Y Pablo no entendió su propia libertad cuando gritó: *"¡Ay de mí si no predico el Evangelio!"* [1 Cor. 9:16]. Si el miedo, de persecución, de calumnia o de cualquier inconveniente antes nombrado podría haber excusado y despedido a los siervos de Dios para que no reprendieran claramente los pecados del mundo, solo porque cada uno de ellos había dejado su oficio [Mat. 26; Hechos 18, 21]. Repentinamente, su doctrina fue acusada por los términos de sedición, de nueva enseñanza y traición. La persecución y los problemas vehementes pronto llegaron a los profesantes con los predicadores: reyes, príncipes y gobernantes mundanos conspiraron contra Dios y contra su ungido Cristo Jesús ¡Pero qué! [Salmos 2; Hechos 4] ¿Alguno de estos hizo que los profetas y apóstoles flaquearan en su vocación? No, sino por la resistencia que el diablo les hizo por sus suposiciones, se sintieron más enardecidos de publicar la verdad que les fue revelada; y para testificar con su sangre, esa severa condena y la fuerte venganza de Dios debe seguir el orgulloso desprecio de las gracias ofrecidas. La fidelidad, el coraje audaz y la constancia de los que pasaron ante nosotros, deberían provocarnos a seguir sus pasos, a menos que busquemos otro reino del que Cristo ha prometido a quienes perseveren en la profesión de su nombre hasta el final. Si alguien piensa que el imperio de las mujeres no tiene tanta importancia que, para la supresión del mismo, cualquier hombre esté obligado a arriesgar su vida; Respondo, que reprimirlo está en la mano de Dios solo. Pero para expresar la impiedad y la abominación de lo mismo, sostengo que es el deber de todo verdadero mensajero de Dios a quien la verdad se revela en ese favor. El deber especial de los mensajeros de Dios es predicar el arrepentimiento, amonestar a los ofensores de sus ofensas y decir a los impíos: "Morirás, excepto que te arrepientas". Confío en que nadie negará el ministerio apropiado de todos los mensajeros de Dios, para predicar (como he dicho) el arrepentimiento y la remisión de los pecados. Pero ninguno de los dos puede hacerse, excepto que la conciencia de los ofensores sea acusada y condenada por transgresión. Pero ¿cómo puede un hombre arrepentirse sin saber en qué ha ofendido? Y donde no se encuentra el arrepentimiento, no puede haber entrada a la gracia. Y por eso digo que, por necesidad, es que este imperio monstruoso de mujeres (que entre todas las enormidades que hoy abundan en la faz de la tierra, es el más detestable y condenable) se revela abiertamente y se declara claramente al mundo para que algunos se arrepientan y se salven. Y hasta aquí el primer tipo.

Para los que piensan que pasará mucho tiempo antes de que esa doctrina llegue a los oídos de los principales infractores, respondo que la verdad de Dios es de esa naturaleza, que en un momento u otro adquirirá a la audiencia. Es un aroma que no puede ser suprimido; sí, *es una trompeta que sonará a pesar del adversario*. Obligará a los mismos enemigos, a su propia confusión, a testificar y dar testimonio de ello. Porque encuentro que la profecía y la predicación de Eliseo fueron declaradas en el salón del rey de Siria, por los sirvientes y aduladores del mismo malvado rey, haciendo mención que Eliseo declaró al rey de Israel [2 Reyes 6:12] *"las palabras que tú hablas en su cámara más secreta".* Y las maravillosas obras de Jesucristo fueron notificadas a Herodes [Mat. 14], no con grandes alabanzas ni elogios por su doctrina, sino más bien para indicar que Cristo llamó a ese tirano un zorro, y que ya no tuvo más en cuenta su autoridad que Juan el Bautista, a quien Herodes había decapitado antes por la libertad de su lengua. Pero ya sea que los portadores de los rumores y las noticias fueran los partidarios de Cristo, o los aduladores del tirano, es cierto que la fama, tanto de la doctrina de Cristo como de sus obras, llegó a los oídos de Herodes; aun así puede que el sonido de nuestra débil trompeta, con el apoyo de un poco de viento (soplarla desde el sur o soplarla desde el norte, no importa), llegue a los oídos de los principales infractores (Rom. 1). Pero si lo hace o no, sin embargo, no nos atrevemos a dejar de soplar ya que Dios nos dará fuerzas. Porque somos deudores a más que a príncipes, esto es, a la multitud de nuestros hermanos, de los cuales, sin duda, un gran número hasta ahora han sido ofendidos por el error y la ignorancia, dando su sufragio, consentimiento y ayuda para establecer mujeres en sus reinos e imperios[7], no entendiendo cuán abominable, odiosa

7   Goodman, en su trabajo sobre la obediencia, como Strype ha comentado, también pesa amargamente contra el clero protestante y los consejeros que establecieron a la reina Mary, a quien llama idólatra, malvada y bastarda incestuosa; citando los diversos pasajes "para mostrar al hombre y sus peligrosas doctrinas". Se da cuenta de que el libro de Goodman fue citado por "N.D.", es decir, Robert Parsons, el jesuita, con el fin de acusar a los protestantes de la rebelión de su príncipe. El Dr. Sutcliffe, en sus respuestas a Parsons, dice: "A Goodman no le gustaba la rebelión, pero le disgustaba el gobierno de las mujeres; y que de esta opinión se ha retractado desde entonces". (Strype's Annals, voi. i. p. 126.) Milton (supra, p. 359) cita a Knox y a Goodman en su"

y detestable es toda esa autoridad usurpada en la presencia de Dios. Y, por lo tanto, debe decirse claramente la verdad, para que la multitud simple e inculta pueda ser amonestada.

Y en cuanto al peligro que puede surgir aquí, no soy tan bruto e insensible, sino que he puesto en mi cuenta lo que me puede costar el terminar mi trabajo. Primero, no ignoro lo difícil y peligroso que es hablar contra un error común, especialmente cuando las mentes ambiciosas de hombres y mujeres son llamadas a la obediencia del simple mandamiento de Dios. Porque para la mayor parte de los hombres, todo lo que la antigüedad ha recibido, aparece legal y piadosamente. Y en segundo lugar, busco tener más adversarios, no solo de la multitud ignorante, sino también de los espíritus sabios, políticos y tranquilos de este mundo, para que así también los que deben mantener la verdad y la Palabra buena de Dios se conviertan en enemigos. Para mí, en este caso, como lo harán los príncipes y las personas ambiciosas, quienes para mantener su tiranía injusta siempre examinan para suprimir lo mismo. Y, por lo tanto, estoy convencido de que mi trabajo no escapará a la reprensión de muchos. Pero porque recuerdo que se le debe dar cuenta de los talentos recibidos, que ni respeta a la multitud, ni aprueba la sabiduría, la política, la paz ni la antigüedad, concluyendo o determinando nada en contra de su voluntad eterna, que se nos revela en su más bendecida Palabra, me veo obligado a cubrir mis ojos y callar mis oídos, para que no vea la multitud que me resistirá en este asunto, ni que escuche a los viles, ni que considere los peligros en que puedo incurrir para pronunciar el mismo. Seré llamado tonto, curioso, a pesar de todo, y un sembrador de sedición: y un día quizás (aunque ahora no tenga nombre) pueda ser aquejado de traición. Pero viendo que es imposible, sino que tampoco ofenderé a Dios, <u>llamando diariamente a mi conciencia de que debe-</u>
Tenencia de reyes y magistrados ", edit. 1650

ría manifestar la verdad conocida, o que disgustaré al mundo por hacer lo mismo; He decidido obedecer a Dios, a pesar de que el mundo se enfurecerá. Sé que el mundo ofendido (con el permiso de Dios) puede matar el cuerpo; pero la majestad de Dios ofendida tiene poder para castigar el cuerpo y el alma por más. Su majestad se ofende cuando se rechaza sus preceptos y se estima que sus amenazas carecen de efecto. Y entre sus múltiples preceptos dados a sus profetas y entre sus amenazas, ninguno es más vehemente que el pronunciado por Ezequiel, en estas palabras: *"A ti, pues, hijo de hombre, te he puesto por atalaya a la casa de Israel, y oirás la palabra de mi boca, y los amonestarás de mi parte. Cuando yo dijere al impío: Impío, de cierto morirás; si tú no hablares para que se guarde el impío de su camino, el impío morirá por su pecado, pero su sangre yo la demandaré de tu mano. Y si tú avisares al impío de su camino para que se aparte de él, y él no se apartare de su camino, él morirá por su pecado, pero tú libraste tu vida."* [Ezequiel 33:7-9]

Este precepto, digo, con la amenaza anexada, junto con el resto que se habla en el mismo capítulo, no solo a Ezequiel, sino a todos a quienes Dios coloca como vigilante sobre su pueblo y su rebaño (y los vigilantes son aquellos cuyos ojos él abre, y en cuya conciencia presiona para amonestar a los impíos), me obliga a expresar mi conciencia en este asunto, a pesar de que todo el mundo debería ofenderse conmigo por hacerlo. Si alguien se pregunta por qué oculto mi nombre, permítale que esté seguro de que el miedo al castigo corporal no es la única causa principal. Mi propósito es tres veces tocar la trompeta en el mismo asunto, si Dios así lo permite: dos veces intento hacerlo sin nombre; pero en la última ráfaga de culparme a mí mismo, que todos los demás pueden ser purgados.

EL PRIMER TOQUE DE TROMPETA, PARA DESPERTAR POR EL DEGENERAMIENTO FEMENINO

Promover a una mujer para que lleve el gobierno, la superioridad, el dominio o el imperio por encima de cualquier reino, nación o ciudad, es repugnante para la naturaleza; una ofensa a Dios, una cosa muy contraria a su voluntad revelada y ordenanza aprobada; y finalmente, es la subversión del buen orden, de toda equidad y justicia.

En la prueba de esta proposición, no seré tan curioso como para reunir todo lo que pueda amplificar, exponer o embellecer lo mismo; pero tengo el propósito, aun cuando he expresado mi conciencia con la mayoría de las palabras claras y concisas, para estar contento con una prueba simple de cada miembro, trayendo para mi testimonio la ordenanza de Dios en la naturaleza, su voluntad clara se revela en su palabra, y por las mentes de quienes son los más antiguos entre los escritores piadosos.

Y primero, cuando afirmo que el imperio de una mujer es algo que repugna la naturaleza, quiero decir no sólo que Dios, por orden de su creación, ha depreciado a la mujer de autoridad y dominio, sino que también ha demostrado que el hombre ha visto y pronunciado las justas causas por las que debería ser. El hombre, digo, ciego en muchos otros casos, en este sentido ve muy claramente. Para que estas causas sean tan manifiestas, que no puedan ser escondidas. Porque, ¿quién puede negar que es repugnante para la naturaleza, que los ciegos sean nombrados para dirigir y para llevar como si vieran, que las personas débiles, enfermas e impotentes alimenten y mantengan al grande y al fuerte y, finalmente, que los necios, locos y frenéticos gobiernen a los discretos y aconsejen a los que estén sobrios de ánimo? Y así sean todas las mujeres, comparadas con el hombre por la autoridad. Porque su vista en el gobierno civil no es más que ceguera; su fuerza, su debilidad; su consejo, necedad; y juicio, frenesí, si se lo considera con razón.

Yo excluyo al igual que Dios, por privilegio singular, y por ciertas causas, conocidas solo por Él mismo, he eximido del rango común de mujeres, y hablo de mujeres como la naturaleza y la experiencia que hoy día declaran. La naturaleza, digo, las pinta más para que sean débiles, frágiles, impacientes, débiles y tontas; y la experiencia las ha declarado inconstantes, variables, crueles y carentes del espíritu de consejo y régimen. Y estas notables fallas tienen hombres de todas las edades que son espiados en ese tipo, ya que no solo han quitado a las mujeres del gobierno y la autoridad, sino que también algunos han pensado que los hombres sujetos al consejo o imperio de sus esposas no eran dignos de todos los cargos públicos. Pues así escribe Aristóteles en la segunda de sus *Políticas*: ¿Qué diferencia pondremos, dice él, ya sea que las mujeres tengan autoridad, o los esposos que obedecen al imperio de sus esposas, sean nombrados magistrados? Por lo que le acontece, debe necesitar seguir al otro, a saber, la injusticia, la confusión y el desorden. El mismo autor razonó, además, que la política o el gobierno de los lacedemonios (quienes eran muy excelentes entre los griegos) no era digna de ser reputada ni contada entre el número de comunidades que estaban bien gobernadas, porque los magistrados y gobernantes de los mismos eran demasiado dados a complacer y obedecer a sus esposas. ¿Qué habría dicho este escritor a ese reino o nación, donde una mujer se sienta coronada en el Parlamento entre los hombres? ¡Oh, temerosos y terribles son tus juicios (Oh Señor) que han abatido al hombre por su iniquidad! Estoy convencido de que si alguno de esos hombres, que, iluminados solo por la luz de la naturaleza, vio y pronunció causas suficientes por las cuales las mujeres no deberían tener dominio ni autoridad, este día debería vivir y ver a una mujer sentada en tribunal, o cabalgando desde el Parlamento en medio de hombres, con la corona real sobre su cabeza, la espada y el cetro nacidos delante de ella, en señal de que la administración de justicia estaba en su poder: estoy ciertamente convencido, de que tal visión debería claramente asombrarlos, que deberían juzgar a todo el mundo para transformarse en amazonas, y que tal metamorfosis y cambio fue hecho por todos los hombres de ese país, como lo fingieron los poetas compañeros de Ulises, o al menos, que aunque la forma exterior de los hombres permaneciera, sin embargo, deberían juzgar que sus corazones fueron cambiados de la sabiduría, la comprensión y el coraje de los hombres a la insensatez y la cobardía de las mujeres. Sí, además deben pronunciarse, que donde las mujeres reinan o están en autoridad, es necesario que se prefiera la vanidad a la virtud, la ambición y el orgullo a la templanza y la modestia; y, finalmente, esa avaricia, la madre de todas las travesuras, que necesita devorar la equidad y la justicia (Aristóteles. II Política). Pero para que no parezca que solo somos de esta opinión, escuchemos lo que otros han visto y decretado en este asunto. En las Reglas de la ley, así está escrito: *"Las mujeres son removidas de todos los cargos civiles y públicos, de modo que no pueden ser jueces, ni pueden ocupar el lugar del magistrado; tampoco pueden ser oradores para otros"* (Lib. 50, de Regulis Juris). Lo mismo se repite en los libros tercero y decimosexto de los Compendios (3, 16 Lib. Digestorum), donde ciertas personas están prohibidas, *Ne pro alii postulent,* es decir, *que no son oradores ni defienden a otros.* Y entre las demás están prohibidas las mujeres, y se agrega esta causa (Ad Senatus Consultum Vellcianum) que no se opone a la modestia con las causas de los demás; ni aun que las mujeres presumen para usar los oficios debido a los hombres. La ley en el mismo lugar declara además (Lib. 3, de Postulatione, Tit. 1), que debe haber una modestia natural en la mujer, que seguramente ella pierde cuando la asume en el cargo y el patrimonio del hombre. Como se declaró evidentemente en Calpurnia, quien tenía licencia para hablar ante el Senado, se volvió tan imprudente e importante, que al balbucear molestó a toda la asamblea; Y así dio ocasión que se estableciera esta ley.

En el primer libro de los Compendios, se dice que la condición de la mujer en muchos casos es peor que la del hombre, como en la jurisdicción (dice la ley), en recibir cura e instrucción, en adopción, en acusación pública, en denuncia[8], en toda acción popular y en poder materno, que ella no tiene sobre sus propios hijos. Además, la ley no permitirá que la mujer le dé nada a su marido, porque está en contra de la naturaleza de su clase, siendo el miembro inferior, el presumir de dar algo a su cabeza. La ley hace que las mujeres sean más avariciosas (que es un vicio intolerable en aquellos que deben gobernar o ministrar justicia). Y Aristóteles, como se tocó antes, afirma claramente que dondequiera que las mujeres tengan dominio, es inevitable que la gente esté desordenada, viva y sea abundante en toda intemperancia, dada al orgullo, el exceso y la vanidad; y, finalmente, que tengan que llegar a la confusión y la ruina.

¡Quisiera Dios que los ejemplos no fueran tan manifiestos a promover la declaración de las imperfecciones de las mujeres, de su debilidad natural y apetitos excesivos! Podría aducir historias, demostrando que algunas mujeres murieron de súbito placer; algunas por impaciencia al haberse suicidado, otras por haberse quemado con tanta lujuria desmedida, que por la extinción de las mismas, han vendido a extraños su país y ciudad; y algunas debían estar tan deseosas de dominar, que para obtener lo mismo, han asesinado a los hijos de sus propios hijos, sí, y algunos han matado con crueldad a sus propios esposos e

____

8   Ley escocesa: hacer una acusación - ed.

hijos. Pero para mí es suficiente (porque esta parte de la naturaleza no es mi fundamento más seguro) haber demostrado que los hombres iluminados solo por la luz de la naturaleza han visto y han determinado que es una de las cosas más repugnantes de la naturaleza que las mujeres rijan y gobiernen sobre los hombres. Para aquellos que no permiten que una mujer tenga poder sobre sus propios hijos, no le permitirán (estoy seguro) que tenga dominio sobre un reino; y aquellos que no la dejarán hablar en defensa de los acusados, ni que admitirán su acusación dirigida contra el hombre, no la aprobarán para que ella comparta su juicio con la corona real, usurpando la autoridad en medio de los hombres.

Pero ahora a la segunda parte de la naturaleza, en la que incluyo la voluntad revelada y la ordenanza perfecta de Dios; y contra esta parte de la naturaleza, digo, repugna manifiestamente que cualquier mujer reine o tenga dominio sobre el hombre. Para Dios, primero por el orden de su creación, y luego por la maldición pronunciada contra la mujer por razón de su rebelión, ha pronunciado lo contrario. Primero, digo, que la mujer en su mayor perfección fue hecha para servir y obedecer al hombre, no para gobernarlo y mandarlo. Como lo hace san Pablo en estas palabras [1 Cor. 11: 8-10]: *"Porque el varón no procede de la mujer, sino la mujer del varón y tampoco el varón fue creado por causa de la mujer, sino la mujer por causa del varón. Por lo cual la mujer debe tener señal de autoridad sobre su cabeza, por causa de los ángeles."[9]*, (es decir, una tapadera en señal de sujeción). De lo que el apóstol quiere decir, queda claro que la mujer, en su mayor perfección, debería haber sabido que el hombre era el Señor por encima de ella; y, por lo tanto, que nunca debería haber pretendido ningún tipo de superioridad por encima de él, no más que la que los ángeles tienen por encima de Dios el Creador, o por encima de Cristo Jesús, su cabe-

9   Es decir, estar bajo el poder del hombre - ed.

za. *Por eso digo, que en su mayor perfección la mujer fue creada para estar sujeta al hombre.* Pero después de su caída y rebelión cometida contra Dios, se le impuso una nueva necesidad, y la irrevocable sentencia de Dios la sometió al hombre, pronunciada con estas palabras: *"A la mujer dijo: Multiplicaré en gran manera los dolores en tus preñeces; con dolor darás a luz los hijos; y tu deseo será para tu marido, y él se enseñoreará de ti."* [Gén. 3:16]. De este modo, los que no estén completamente ciegos pueden ver claramente que Dios, por su sentencia, ha rechazado a toda mujer del imperio y dominio por encima del hombre. Porque se le imponen dos castigos, a saber, *un dolor, una angustia y un sufrimiento*, tan a menudo como siempre será madre; y *una sujeción de sí misma, de sus apetitos y de su voluntad* hacia su esposo y su voluntad. De la primera parte de esta maldición, ni el arte, la nobleza, la política ni la ley hecha por el hombre pueden liberar a la mujer; pero quienquiera que llegue a ese honor de ser madre, prueba en experiencia el efecto y la fuerza de la palabra de Dios. Pero (¡ay!) la ignorancia hacia Dios, la ambición y la tiranía, han examinado abolir y destruir la segunda parte del castigo de Dios. Porque las mujeres son levantadas para ser cabezas sobre reinos, y para gobernar por encima de los hombres en su placer y apetito. Pero horrible es la venganza que se prepara para el uno y el otro, para los promotores y para las promovidas, con excepción de que se arrepientan rápidamente. Porque serán abatidos de la gloria de los hijos de Dios a la esclavitud del diablo y al tormento que está preparado para todos los que se exaltan contra Dios. Contra Dios, nada puede ser más manifiesto que el hecho de que una mujer sea exaltada para reinar sobre el hombre: por la frase contraria Él ha pronunciado estas palabras: *"y tu deseo será para tu marido, y él se enseñoreará de ti."* [Gén. 3:16] Como Dios debería decir: "Por cuanto abusaste de tu condición anterior, y porque tu libre albedrío te ha llevado a ti y a la humanidad a la esclavitud de Satanás, por lo tanto, te traeré como esclavo al hombre. Porque donde antes tu obediencia fue voluntaria, ahora será por coacción y por necesidad; y que debido a que has engañado a tu hombre, ya no serás más amante de tus propios apetitos, de tu propia voluntad o de tus deseos. Porque en ti no hay razón ni discreción que pueda moderar tus afectos, y por lo tanto estarán sujetos al deseo de tu hombre. Él será el Señor y el Gobernador, no solo sobre tu cuerpo, sino también sobre tus apetitos y voluntad." Esta frase, digo, lo pronunció Dios contra Eva y sus hijas, como evidentemente atestiguan el resto de las Escrituras. Para que ninguna mujer pueda presumir de reinar sobre el hombre, y en caso de hacerlo, procede a pesar de Dios, y en desprecio de su castigo y maldición.

No ignoro que la mayoría de los hombres entienden esta maldición del sometimiento de la esposa a su marido y del dominio que él ejerce sobre ella; pero el Espíritu Santo nos da otra interpretación de este lugar, *quitándole a todas las mujeres todo tipo de superioridad, autoridad y poder sobre el hombre*, hablando a continuación por boca de San Pablo: *"Porque no permito a la mujer enseñar, ni ejercer dominio sobre el hombre, sino estar en silencio."* [1 Tim. 2:12]. Aquí él nombra a las mujeres en general, sin excepción; afirmando que ella no puede usurpar la autoridad sobre hombre alguno. Y él habla más claramente en otro lugar con estas palabras: *"vuestras mujeres callen en las congregaciones; porque no les es permitido hablar, sino que estén sujetas, como también la ley lo dice."* [1 Cor. 14:34]. Estos dos testimonios del Espíritu Santo serán suficientes para demostrar todo lo que hemos afirmado antes, y para reprimir el orgullo desmedido de las mujeres, como también para corregir la insensatez de aquellos que han examinado exaltar a las mujeres en autoridad sobre los hombres, contra Dios y contra su sentencia pronunciada. Pero para que los mismos dos pasajes del apóstol se entiendan mejor, debe notarse que en este último, que está escrito en la Primera epístola a los Corintios, el capítulo 14, antes de que el apóstol hubiera permitido que todas las personas debieran profetizar uno tras otro, agrega esta razón, *"para que todos aprendan, y todos sean exhortados"*, y para que nadie pueda haber juzgado, que entre una multitud grosera y plural de oradores, muchas cosas de poco propósito podrían haber sido afirmadas, o bien para que haya surgido alguna confusión, agrega: *"Los espíritus de los profetas están sujetos a los profetas"* [vers 32]; como él debería decir, Dios siempre levantará a algunos a quienes se les revelará la verdad, y a tales cosas dará lugar, aunque se sienten en los asientos más bajos. Y así, el apóstol habría profetizado un ejercicio para ser libre a toda la iglesia, para que todos comuniquen a la congregación lo que Dios les había revelado, siempre que se hiciera de manera ordenada. Pero a partir de este privilegio general, él aísla a todas las mujeres, diciendo: *"vuestras mujeres callen en las congregaciones"* ¿Y por qué? ¿Fue porque el apóstol pensó que ninguna mujer tenía ningún conocimiento? No; da otra razón, diciendo: *"que estén sujetas, como también la ley lo dice."* En estas palabras se debe tener en cuenta que el Apóstol llama Ley a esta antigua sentencia pronunciada contra la mujer, es decir, el decreto inmutable de Dios, que por su propia voz la ha sometido a un miembro de la congregación, es decir a su esposo. Mientras que el Espíritu Santo concluye, ella nunca puede gobernar ni llevar el imperio por encima del hombre: porque ella, que está sujeta a uno, nunca puede ser la principal ante muchos. Y el Espíritu Santo expresa manifiestamente, diciendo: "[no permito a la mujer]... *ejercer dominio sobre el hombre,*"; él no dice, esa mujer no usurpará la autoridad sobre su esposo, sino que él *llama al hombre en general*, quitándole todo su poder y autoridad para hablar, razonar, interpretar o enseñar; pero principalmente gobernar o juzgar en la asamblea de hombres. Así que a la mujer por la ley de Dios, y por la interpretación del Espíritu Santo, le está absolutamente prohibido ocupar el lugar de Dios en los oficios antes mencionados, que han sido asignados al hombre, a quien ha designado y ordenado su teniente en la tierra, apartando de ese honor y dignidad a todas las mujeres, como evidentemente declarará este breve argumento.

El apóstol toma el poder de todas las mujeres para hablar en la asamblea: es decir, no permite que ninguna mujer gobierne por encima del hombre. La primera parte es evidente, a lo que sigue la conclusión de la necesidad: porque el que toma de la mujer la menor parte de la autoridad, el dominio o la regla, no le permitirá lo que es más grande. Pero más importante es reinar sobre los reinos y las naciones, publicar y hacer leyes, y ordenar a los hombres de todos los estados, y finalmente, nombrar jueces y ministros, que hablar en la congregación. Por su juicio, sentencia u opinión propuesta en la congregación, puede ser juzgada por todos, puede ser corregida por los sabios y reformada por los piadosos. Pero la mujer siendo promovida en autoridad soberana, sus leyes deben ser obedecidas, su opinión debe seguirse y su tiranía debe mantenerse, suponiendo que esté expresamente en contra de Dios y en beneficio de la Nación, como testimonio de la experiencia manifestada este día. Y, por lo tanto, una vez más repito lo que antes he afirmado, a saber, que una mujer promovida a sentarse en el asiento de Dios, es decir, enseñar, juzgar o reinar sobre el hombre, es un monstruo en la naturaleza, un insulto a Dios, y una cosa muy repugnante a su voluntad y ordenanza. Porque las ha privado, como se ha demostrado antes, de hablar en la congregación, y les ha prohibido expresamente que usurpen cualquier clase de autoridad sobre el hombre. Entonces ¿cómo les permitirá a ellas reinar y tener un imperio por encima de los reinos y las naciones? Digo yo, nunca lo aprobará, porque es una de las cosas más repugnantes para su ordenanza perfecta, como se declarará después, y como las escrituras anteriores han dado claramente testimonio. A lo cual agregar cualquier cosa fue superfluo, si no es que el mundo ya casi ha llegado a esa ceguera, que todo lo que no agrada a los príncipes y la multitud, lo mismo se rechaza como doctrina recientemente forjada, y se condena por herejía. Por lo tanto, me ha parecido bueno recitar las mentes de algunos escritores antiguos sobre el mismo asunto, para no ser cegados por el diablo y puedan considerar y entender que mi juicio no es una interpretación nueva de las escrituras de Dios, sino para ser el consentimiento uniforme de la mayoría de los escritores piadosos desde la época de los apóstoles.

Tertuliano en su libro de indumentaria femenina, después de eso, ha demostrado muchas causas por las que la indumentaria vistosa es abominable y odiosa en una mujer, agrega estas palabras, hablando, por así decirlo, a todas las mujeres por su nombre: *"¿No sabes (dice él) que eres Eva? La sentencia de Dios vive y es efectiva contra este género; Y en este mundo, por necesidad, es que también vive el castigo. Tú eres el puerto y la puerta del Diablo. Tú eres la primera transgresora de la ley de Dios. Tú persuadiste y fácilmente engañaste a aquel a quien el diablo no se atrevió a atacar. Por tu mérito (es decir, por tu muerte), le correspondió al Hijo de Dios que sufriera la muerte y, sin embargo, ¿está en tu mente cubrirte por encima de los abrigos de tu piel?"* (Tertuliano, de Habitu Mulierum).

Con estas y muchas otras graves frases e interrogatorios rápidos, este escritor piadoso se esforzó por llevar a todas las mujeres a contemplarse a sí mismas, con el fin de que cada una que sopesara profundamente la sentencia que Dios había pronunciado contra toda la raza y las hijas de Eva, no solo podría aprendan a diario a humillarse y someterse a sí mismos en la presencia de Dios, pero también deben evitar y aborrecer todo lo que pueda exaltarlas o inflarlas de orgullo, o la ocasión de olvidar la maldición de Dios.

¿Y qué, es más capaz de hacer que la mujer olvide su propia condición, que si se le eleva en autoridad sobre el hombre? Es una cosa muy difícil para un hombre (ya que nunca fue tan constante) promovido a honores, no para ser cosquilleado con orgullo; (porque el viento de vanagloria se lleva fácilmente el polvo seco de la tierra). Pero en cuanto a la mujer, no es más aceptable que se la coloque en una posición de autoridad sobre el hombre para resistir los movimientos del orgullo, que ser capaz de hacer frente a la caña débil o a la veleta giratoria, a no inclinarse ni girar por la vehemencia del viento inconstante. Y, por lo tanto, el mismo escritor prohíbe expresamente a todas las mujeres entrometerse en los cargos de hombre. Por lo tanto, él escribe en su libro de *Virginibus Velandis*: *"A una mujer no le está permitido hablar en la congregación, ni enseñar, ni bautizar, ni reivindicar ningún cargo de hombre"* (lib. 8). Él mismo habla aún más claramente en el prefacio de su sexto libro escrito contra Marción, donde él, contando ciertas cosas monstruosas que se verían en el Mar llamado Euxinum [el Mar Negro], entre el resto, recita esto como un gran monstruo en la naturaleza, *"que las mujeres en esas partes no fueron domesticadas ni humilladas por consideración de su propio sexo y clase, pero toda la vergüenza fue destruida, hicieron gastos sobre armamentos, y aprendieron las hazañas de la guerra, teniendo más placer de luchar que casarse y someterse al hombre."* (En prooemio 6 lib. contra Marcionem) Hasta aquí de Tertuliano, cuyas palabras son tan claras que no necesitan explicación.

Porque el que le quita a ella todo oficio perteneciente al hombre, no la dejará reinar sobre el hombre; y el que juzgue que una mujer ejerza armas como monstruo de la naturaleza, debe juzgar que es un monstruo de monstruos para que una mujer sea exaltada por encima de todo un reino y nación. En la misma línea están Orígenes y varios otros, sí, hasta los días de Agustín; cuyos pasajes omito para evitar la prolijidad.

Agustín, en su vigésimo segundo libro escrito contra Fausto, demuestra que una mujer debe servir a su esposo como a Dios, afirmando que *en nada tiene a la mujer el mismo poder que el hombre, salvo que ninguno de los dos tenga poder sobre sus propios cuerpos.* Con lo cual él concluiría claramente, esa mujer nunca debe fingir ni tener sed por el poder y la autoridad que le corresponde al hombre. Porque así se explica en otro lugar (De Trinitat. Lib. 12, cap. 7), afirmando que la mujer debe ser reprimida y advertida si ella aspira a algún dominio; Todo lo peligroso y arriesgado es hacer que ella proceda, aunque sea en cosas temporales y corporales. Y a esto él agrega estas palabras: *"Dios no ve por un tiempo, ni hay nada nuevo en su vista y conocimiento"*; lo que significa que lo que Dios ha visto en una mujer (en relación con el dominio y la autoridad) lo mismo que él ve en todas; y lo que él ha prohibido a una, al mismo tiempo también lo prohíbe a todas. Y esto es más evidentemente aún en otro lugar, él escribe (En Quaest. Veteris Testamenti, quietud 43) moviendo esta pregunta, ¿Cómo puede la mujer ser la imagen de Dios, siendo que (dice él) está sujeta al hombre, y no tiene autoridad, tampoco enseñar, ni ser testigo, ni juzgar, y mucho menos gobernar o soportar el imperio? Estas son las mismas palabras de Agustín, de las cuales es evidente que este escritor piadoso no solo está de acuerdo con Tertuliano antes recitado, sino también con la antigua sentencia de la ley, que toma de la mujer no solo toda autoridad entre los hombres, sino también todo oficio perteneciente al hombre. A la pregunta de cómo puede ser la imagen de Dios, él responde de la siguiente manera: *"la mujer (dice él), comparada con otras criaturas, es la imagen de Dios, porque ella tiene dominio sobre ellas; pero comparada con el hombre, ella no puede ser llamada la imagen de Dios, porque no tiene dominio ni señorío sobre el hombre, sino que debe obedecerle",* etc. Y cómo esa mujer debe obedecer al hombre, habla aún más claramente con estas palabras: *"La mujer estará sujeta al hombre como a Cristo. Porque la mujer (dice él) no obtiene su ejemplo del cuerpo y de la carne para que ella esté sujeta al hombre, como la carne es para el Espíritu, porque la carne en la debilidad y la mortalidad de esta vida fornica y lucha contra el Espíritu, y por lo tanto, el Espíritu Santo no daría ejemplo de sujeción a la mujer de tal cosa".* (Lib. De Continentia, cap. 4) Este pasaje de Agustín debe ser notado por todas las mujeres, porque en él claramente afirma que la mujer debe estar sujeta al hombre, que nunca debe desear más preeminencia que la que debe desear por encima de Cristo Jesús.

Con Agustín concordando en todos los puntos, San Ambrosio, quien escribe así en su Hexaemeron: *"Adán fue engañado por Eva, y no Eva por Adán, y por lo tanto, solo esa mujer lo recibe y lo reconoce como gobernador a quien ella llamó al pecado, no sea que otra vez caiga por facilidad femenina"* (Ambrosio. en Hexameron lib. 5, c.7). Y escribiendo sobre la epístola a los efesios, él dice: *"Que las mujeres estén sujetas a sus propios esposos como al Señor; porque el hombre es cabeza a la mujer, y Cristo es cabeza a la congregación, y él es el Salvador del cuerpo; pero la congregación está sujeta a Cristo, así como las mujeres deben estar con sus esposos en todas las cosas".* (Cap. 5) Continúa, diciendo: *"A las mujeres se les ordena estar sujetas a los hombres por la ley de la naturaleza, por ello el hombre es el autor o el iniciador de la mujer, porque como Cristo es la cabeza de la iglesia, así es el hombre de la mujer. De Cristo la iglesia tomó principio, y por lo tanto está sujeta a él; aun así la mujer tomó del hombre desde el principio que debía estar sujeta".* Por lo tanto, entendemos que estos dos escritores están de acuerdo en que un hombre puede juzgar a uno que ha robado las palabras y frases del otro. Y, sin embargo, es claro que, durante el tiempo de su escritura, el uno estaba muy lejos del otro. Pero el Espíritu Santo, que es el espíritu de concordia y unidad, iluminó sus corazones y dirigió sus lenguas y plumas, que al concebir y comprender una verdad, pronunciaron lo mismo, dejando un testimonio de su conocimiento y concordancia con nosotros de su posteridad.

Si alguien piensa que todos estos pasajes anteriores se refieren solo a la sujeción de la mujer casada a su marido, como antes he demostrado lo contrario con las palabras claras y el razonamiento de San Pablo, entonces haré lo mismo en breve en otros testimonios de los mencionados escritores. El mismo Ambrosio, escribiendo en el segundo capítulo de la primera epístola a Timoteo, después de haber hablado mucho de la simple disposición de las mujeres, agrega estas palabras: *"La mujer no sólo debe tener una simple disposición, sino que toda autoridad se le debe negar a ella: porque ella debe estar sujeta al hombre (de quien ella ha tomado su origen) tanto en hábito como en servicio."* (Ambrosio. super 2 c. 1 Epístola a Timoteo)Y después de algunas palabras, él dice: *"Porque esa muerte entró en el mundo por ella, no hay audacia que deba ser permitida a ella, sino que debe estar en humildad"*. Por lo tanto, es claro que, de todas las mujeres, sea casada o soltera, se toma toda la autoridad para ejecutar cualquier cargo que le pertenezca al hombre; sí, claro está, que a todas las mujeres se les ordena servir, estar en humildad y sometimiento. Lo que todavía habla más claramente el mismo escritor con estas palabras: *"No está permitido que las mujeres hablen, sino que estén en silencio, como lo dice la ley. ¿Qué dice la ley? Para tu marido será tu conversión, y él ejercerá dominio sobre ti."* (Sobre Gén. 3) Esta es una ley especial (dice Ambrosio), cuya sentencia no debe ser violada, enfermiza o debilitada, las mujeres son ordenadas a estar en silencio". Aquí incluye a todas las mujeres; y sin embargo, continúa avanzando en el mismo lugar, diciendo: *"Es una vergüenza para ellos presumir de hablar de la ley, en la casa del Señor, que les ha ordenado que se sometan a sus hombres"*. Pero mejor comenta él, escribiendo sobre el capítulo

16 de la epístola de San Pablo a los romanos, sobre estas palabras: *"Saluden a Rufo y su madre"*. Por esta causa (dice Ambrosio), el apóstol colocó a Rufo delante de su madre, por Elección de la administración de la gracia de Dios, en la cual una mujer no tiene lugar. Porque fue elegido y promovido por el Señor para ocuparse de sus asuntos, es decir, sobre la iglesia, al oficio en el que no podía nombrarse a su madre, aunque era una mujer tan santa que el Apóstol la llamaba "su madre". De esto queda claro, que la administración de la gracia de Dios es negada a todas las mujeres. Por la administración de la gracia de Dios, se entiende no solo la predicación de la palabra y la administración de los Sacramentos, mediante la cual la gracia de Dios se presenta y distribuye al hombre, sino también la administración de la justicia civil, mediante La virtud que debe ser mantenida y los vicios castigados. La ejecución de la cual no es menos negada a la mujer, la predicación del Evangelio o la administración de los Sacramentos se verá más claramente.

Crisóstomo, entre los escritores griegos de no poca credibilidad, hablando en represión de los hombres, que en sus días se volvieron inferiores a algunas mujeres en ingenio y en piedad, dice: *"Por esta causa fue puesta la mujer bajo tu poder (habla al hombre en general), y fuiste pronunciado señor sobre ella, para que ella te obedeciera, y que la cabeza no siguiera los pies. Pero a menudo vemos lo contrario, que el que en su orden debe ser la cabeza, no guarda el orden de los pies (es decir, no gobierna los pies) y que la que está en lugar del pie está constituido para ser la cabeza".* Dice estas palabras, como si se sorprendiera que el hombre se volviera tan bruto, que no consideraba que fuera una de las cosas más monstruosas, que la mujer debería ser preferida al hombre en cualquier cosa, a quien Dios había sometido al hombre en todas las cosas. Él procede, diciendo: *"Sin embargo, es la parte del hombre, con diligente cuidado, repeler a la mujer que le da consejo per-*

verso; y la mujer, que dio ese consejo pestilente al hombre, debe en todo momento recibir el castigo que recibió Eva, sonando en sus oídos". Y en otro lugar, induce de lo que Dios le habla a la mujer de esta manera: *"porque lo dejaste, de cuya naturaleza fuiste participante, y para quien fuiste formado, y has tenido el placer de conocer a esa bestia malvada, y tomarías su consejo; por lo tanto, te someto al hombre, y lo nombro y afirmo para que sea tu Señor, para que puedas reconocer su dominio, y porque no pudiste dominar, aprende bien a ser gobernada"* (Homil. 15 sobre Génesis.). Por qué no deberían gobernar, él declara en otros lugares, diciendo: *"La femineidad es imprudente y suave (o flexible); imprudente, porque no puede considerar con sabiduría y razón las cosas que oye y ve; y suave es porque se arquea fácilmente".* (En Mat. cap. 23, Homil. 44) Sé que Crisóstomo trae estas palabras para declarar la causa por la que los falsos profetas engañan a las mujeres, porque son fáciles de persuadir. Cualquier opinión, especialmente si es contra Dios; y por causa de su falta de prudencia y razón para juzgar las cosas que se dicen. Pero aquí se puede observar su naturaleza, y los vicios de la misma, que de ninguna manera deberían estar en los que están designados para gobernar a otros: porque deben ser constantes, estables, prudentes y hacer todo con discreción y razón. Las virtudes que las mujeres no pueden tener en igualdad con los hombres. Por eso él es testigo en otro pasaje, diciendo: *"Las mujeres tienen en sí mismas un cosquilleo y un examen de vanagloria; y eso pueden tenerlo en común con los hombres: de repente se sienten enojadas; y eso también lo tienen en común con algunos hombres. Pero las virtudes en las que sobresalen, no tienen nada que ver con el hombre: y, por lo tanto, el Apóstol las ha retirado del oficio de la enseñanza, lo que es una prueba evidente de que en virtud se diferencian mucho del hombre"* (Ad. Efes. Cap 4, sermón 13). Deje que se marquen las razones de este escritor, porque aún continúa, después de eso, en muchas palabras, lamentó los modales afeminados de los hombres, que estaban tan degenerados por la debilidad de la mujer, que algunos podrían haber exigido, ¿por qué? ¿No pueden las mujeres enseñar entre semejantes hombres, que en sabiduría y piedad son inferiores a las mujeres? Finalmente concluye: *"A pesar de que los hombres son degenerados, no pueden las mujeres usurpar ninguna autoridad sobre ellos".* Y al final, agrega estas palabras: *"Estas cosas no las digo para enaltecerlas (a las mujeres), sino para la confusión y la vergüenza de nosotros mismos, y de advertirnos que tomemos nuevamente el dominio que nos es conveniente y nos satisface; no solo el poder que está de acuerdo con la excelencia de la dignidad, sino el que está de acuerdo con la providencia y de acuerdo con la ayuda y la virtud; porque entonces el cuerpo está en mejor proporción cuando tiene el mejor gobernador"* ¡Oh, que tanto el hombre como la mujer deben considerar el consejo profundo y la admonición de este Padre! Él no querría que el hombre, por el apetito de cualquier vanagloria, tuviera que tener preeminencia por encima de la mujer. Porque Dios no ha hecho que el hombre sea el líder de ninguna de estas causas, pero respetando esa debilidad e imperfección que siempre deja gobernar a la mujer, Él ha ordenado al hombre que sea superior; y eso explica Crisóstomo, diciendo: *"Entonces, el cuerpo es el que tiene la mejor proporción cuando tiene el mejor gobernador: pero la mujer nunca puede ser la mejor gobernadora, ya que ella, al estar desechada del espíritu de régimen, nunca puede alcanzar ese grado de ser llamada o juzgada como buen gobernador; porque en la naturaleza de todas las mujeres que acechan vicios como los de los buenos gobernadores no son tolerables".* Lo que el mismo escritor expresa con estas palabras: *"La mujer (dice él) es explosiva y temeraria, y su codicia es como el golfo del infierno, eso es, insaciable."* (En cap. 22 Juan Homil. 87) Y, por lo tanto, en otro lugar, él deseará que la mujer no tenga nada que hacer en el juicio, en los asuntos comunes o en el gobierno de la nación;

porque ella es impaciente de los problemas; por lo que debe vivir en paz y tranquilidad. Y si tiene la oportunidad de salir de la casa, no tendrá que preocuparse por nada, ni por seguirla, ni por ofrecérsele, como comúnmente debe haber para los que tienen autoridad (En Juan Homil. 41).

Y Crisóstomo totalmente concuerda con Basilio el Grande, sermón que realiza en algunos pasajes de las Escrituras, en el que reprende diversos vicios; y entre el resto, afirma que la mujer es una criatura tierna, flexible, suave y lastimosa; La naturaleza que Dios le ha dado para que pueda alimentar a los niños. Satanás abusó de la facilidad de la mujer y, por lo tanto, la sacó de la obediencia de Dios. (Basilio el Grande, en alícuotas de pasajes de las Escrituras) Y, por lo tanto, en otros pasajes, él concluye que ella no puede gobernar y que tiene prohibido enseñar.

Se pueden aducir innumerables testimonios de todo tipo de escritores con el mismo propósito, pero con los nombrados estoy conforme; juzgando lo suficiente, para detener la boca de quienes acusan y condenan toda doctrina como herética si les disgusta en cualquier punto, que he demostrado por las determinaciones y leyes de los hombres iluminados solo por la luz de la naturaleza, por el orden de la creación de Dios, por la maldición pronunciada contra la mujer por boca de San Pablo, que es el intérprete de la sentencia y la ley de Dios, y finalmente, por las mentes de aquellos escritores que, en la iglesia de Dios, siempre han sido considerados con la mayor reverencia, que es una de las cosas más repugnantes para la naturaleza, para la voluntad de Dios y para la ordenanza (sí, que no puede estar sin agravio cometido contra Dios) que una mujer deba ser promovida al dominio o al imperio, para reinar sobre el hombre, ya sea en el reino, nación, provincia o ciudad. Ahora, en pocas palabras, queda demostrado que el mismo imperio de las mujeres es la subversión del buen orden, la equidad y la justicia.

Agustín define el orden como aquello por lo que Dios ha designado y ordenado todas las cosas. (De Ordine, lib. 1, c. 10) Observe bien, lector, que Agustín no admitirá ningún orden en el que la designación de Dios esté ausente y falte. Y en otro lugar dice: *"ese orden es una disposición, dando sus propios lugares a las cosas que son desiguales",* que él denomina en latín, *parium et disparium,* es decir, de cosas iguales o similares, y cosas desiguales o diferentes. . (De Civit. Dei, lib. 19, cap. 13) De los cuales dos lugares, y de toda la disputa, que está contenida en su segundo libro De Ordine, es evidente, que todo lo que se haga sin la seguridad de la voluntad de Dios, o si no contra su voluntad manifestada en su Palabra, se hace contra Su orden. Pero tal es el imperio y el gobierno de las mujeres (como evidentemente se declara antes); y por lo tanto, digo, es una cosa claramente repugnante para el buen orden, sí, es la subversión de la misma.

Si alguien desea rechazar la definición de Agustín, ya sea que no sea apropiada para este propósito, o que sea insuficiente para probar mi intención, deje que el mismo hombre entienda, que al hacerlo no ha debilitado mi argumento. Porque como no dependo de las determinaciones de los hombres, creo que mi causa no es débil, aunque su autoridad me sea negada; siempre que Dios, por su voluntad revelada, y la palabra manifiesta, sean claras y evidentes por mi parte.

Que Dios ha sometido la mujer al hombre, por orden de su creación, y por la maldición que ha pronunciado contra ella, antes declarada. Además de estos, ha puesto ante nuestros ojos otros dos espejos y lentes, en los cuales desea que veamos el orden que ha designado y establecido en la naturaleza: *el cuerpo natural del hombre;* el otro es *la organización política o civil* de esa comunidad en la que Dios, por su propia palabra, ha establecido una orden. En el cuerpo natural del hombre, Dios ha establecido una orden para que la cabeza ocupe el lugar más alto; y ha unido la cabeza con el cuerpo, que de ella fluyen la vida y el movimiento al resto de los miembros. En él ha colocado el ojo para ver, el oído para escuchar y la lengua para hablar, cuyas funciones no están asignadas a ningún otro miembro del cuerpo. El resto de los miembros tienen a cada uno su propio puesto y cargo designado, pero ninguno puede tener ni el lugar ni el cargo del jefe. Porque, ¿quién no juzgaría a ese cuerpo como un monstruo, donde no había cabeza eminente por encima del resto, sino que los ojos están en las manos, la lengua y la boca debajo del vientre y las orejas en los pies? Los hombres, digo, no solo deberían pronunciar este cuerpo como un monstruo, sino que seguramente podrían llegar a la conclusión de que tal cuerpo no podría soportar por mucho tiempo. Y no menos monstruoso es el cuerpo de esa nación donde una mujer tiene un imperio; ya sea por falta de una cabeza lícita (como en el hecho de que lo haga), o bien porque hay un ídolo exaltado en lugar de la verdadera cabeza. *A un ídolo lo llamo lo que tiene forma y apariencia, pero carece de la virtud y la fuerza con las que el nombre y la proporción se parecen y prometen.* Como las imágenes tienen la cara, la nariz, los ojos, la boca, las manos y los pies pintados, pero el uso de los mismos no puede darse a la artesanía y al arte del hombre, como lo enseña el Espíritu Santo por la boca de David, diciendo: *"Tienen boca, mas no hablan; Tienen ojos, mas no ven; Orejas tienen, mas no oyen; Tienen narices, mas no huelen; Manos tienen, mas no palpan; Tienen pies, mas no andan; No hablan con su garganta."*(Sal. 115) Y así, yo digo, todo reino y nación donde una mujer tiene dominio: porque a pesar de Dios (de su justo juicio para entregarlos a una mente reprobada) puede un reino, confieso, exaltar a una mujer a ese honor monstruoso, para ser considerada como cabeza. Pero es imposible para el hombre y para el ángel darle a ella las propiedades y los oficios perfectos de una cabeza legítima; porque el mismo Dios que le ha negado poder a la mano para hablar, al vientre para escuchar y a los pies para ver, le ha negado a la mujer el poder de mandar al hombre, y ha quitado la sabiduría para considerarla, y la providencia para predecir las cosas que sean beneficiosas para la nación; sí, finalmente, él le ha negado en todo caso ser cabeza al hombre, pero claramente ha declarado que *"Pero quiero que sepáis que Cristo es la cabeza de todo varón, y el varón es la cabeza de la mujer, y Dios la cabeza de Cristo."* [1 Cor. 11:3].

Si los hombres en una rabia ciega deben reunirse, y nombrarse para sí mismos otra cabeza que no sea Jesucristo (como los papistas han hecho con su Anticristo Romano) ¿Debería Cristo, por lo tanto, perder su propia dignidad, o debería Dios darle a esa cabeza falsificada el poder de dar vida al cuerpo, a ver todo lo que pueda dañarlo o herirlo, hablar en defensa y escuchar la solicitud de cada asunto? Es cierto que no lo haría. *Por ese honor ha asignado antes de todos los tiempos a su único Hijo; y lo mismo no dará a ninguna criatura además.* Ya no admitirá ni aceptará a la mujer como la cabeza legítima sobre el hombre, aunque el hombre, el diablo y el ángel conjuraran en su favor. Porque al ver que la ha sometido a uno (como se dijo antes), nunca le permitirá reinar sobre muchos. Viendo que él le ordenó que escuchara y obedeciera a uno, no sufrirá que ella hable, y con autoridad usurpada manda a los reinos y las naciones.

Crisóstomo explica estas palabras del apóstol: *"el varón es la cabeza de la mujer"* [1 Cor. 11:3] compara a Dios en su gobierno universal con un rey sentado en su majestad real, a quien todos sus súbditos, ordenados a rendirle homenaje y obediencia, comparecen ante él, portando cada una de esas insignias y reconocimientos de dignidad y honor que les ha dado; que si desprecian y condenan, deshonran a su rey. *"Aun así (dice él), el hombre y la mujer deben comparecer ante Dios, llevando la insignia de la condición que han recibido de Él. El hombre ha recibido cierta gloria y dignidad por encima de la mujer; y, por lo tanto, debe comparecer ante su gran majestad con el signo de su honor, sin tener una cobertura sobre su cabeza, para dar testimonio de que en la tierra el hombre no tiene cabeza".* ¡Cuidado, Crisóstomo, lo que dices! serás considerado un traidor si los ingleses te escuchan, porque deben tener a mi señora y amante soberanas; y Escocia ha bebido también el encantamiento y el veneno de Circe, que así sea para su propia vergüenza y confusión. Él procede con estas palabras: *"Pero la mujer debe estar cubierta, para ser testigo de que en la tierra ella tenía una cabeza, eso es el hombre".* Es cierto, Crisóstomo, la mujer está cubierta en ambos reinos, pero no con el Signo de sujeción, sino con el signo de superioridad, a saber, con la corona real. A eso responde él con estas palabras: *"¿Y si el hombre descuida su honor? no es menos burlón (dice Crisóstomo) que si un rey se despojara de su diadema o corona y estado real, y se vistiera con el hábito de un esclavo "* ¿Qué debería haber dicho este piadoso Padre si hubiera visto caer a todos los hombres de un reino o nación ante una mujer? ¿Si él hubiera visto la corona, el cetro y la espada, que son signos de la dignidad real que se le habían dado, y una mujer maldecida de Dios, y sometida al hombre, colocada en el trono de la justicia para sentarse como teniente de Dios? ¿Qué digo, en este sentido, si cualquier corazón que temiera sinceramente a Dios hubiera juzgado a tales hombres? Estoy seguro de que no solo deberían haber sido juzgados como tontos, sino también rabiosos y esclavos de Satanás, luchando manifiestamente contra Dios y su orden señalado.

Cuanto más considero la subversión del orden de Dios, que de manera general él ha colocado en todos los seres vivos, más me asombro de la ceguera del hombre, que en este caso no se considera tan degenerado, que las bestias brutas son preferibles antes que él en este sentido: porque la naturaleza ha impreso en todas las bestias una cierta marca de dominio en el macho y una cierta sujeción en la hembra, que mantienen inviolable. Porque ningún hombre vio al león hacer obediencia y agacharse ante la leona; ni tampoco se puede probar que la parte posterior lleva la conducción de lo sentido entre los ciervos. Y, sin embargo, (¡ay!) El hombre, que por boca de Dios le ha sido dado dominio sobre la mujer, no solo para su vergüenza se inclina bajo la obediencia de las mujeres, sino que, a pesar de Dios y de su orden señalada, se regocija y mantiene esa autoridad monstruosa como algo lícito y justo. La alegría insolente, las hogueras y el banquete, que eran insolentes en Londres y en otras partes de Inglaterra, cuando la maldita Jezabel fue proclamada reina, fue testigo de mi corazón de que los hombres se volvieron más que furiosos; porque si no ¿cómo podrían haberse alegrado tanto de su propia confusión y de semejante destrucción? ¿Por qué el hombre que estaba allí con un juicio tan simple (suponiendo que tenía alguna luz de Dios), que no consideraba que el levantamiento de ese monstruo fuera el derrocamiento de la verdadera religión y la destrucción segura de Inglaterra, y de sus antiguas libertades? Y, sin embargo, todos los hombres triunfaron de esa manera, como si Dios los hubiera librado de toda calamidad.

¡Pero justos y correctos, terribles y temerosos son tus juicios, oh Señor! Porque como algunas veces castigaste a los hombres por su falta de agradecimiento, ese hombre no se avergüenza de cometer vilezas con el hombre, y eso porque, sabiendo que eres Dios, no te glorificó como a Dios (Rom. 1), aun así ahora lo has castigado con la mayor justicia, esta orgullosa rebelión y horrible ingratitud de los reinos de Inglaterra y Escocia. Porque cuando se ofreció a ambos con misericordia, ofreciéndoles los medios por los cuales podrían haberse unido para siempre en la concordia piadosa, escogieron la orgullosa y cruel, la inconstante y voluble promesa. Pero todavía (¡ay!) la miserable Inglaterra se rebeló aún más contra ti. Porque aunque no dejaste de percibir beneficio tras beneficio durante el reinado de un rey inocente y tierno, ningún hombre reconoció tú mano poderosa y tú maravilloso trabajo. El coraje robusto de los capitanes, el ingenio y la política de los consejeros, el aprendizaje de los obispos, te robaron tu gloria y honor. Por lo que entonces se escuchó como concerniente a la religión, pero, los procedimientos del rey ¡los procedimientos del rey deben ser obedecidos! Está promulgada por el Parlamento, por lo que es traición hablar en sentido contrario. Pero este no fue el final de esta miserable tragedia. Porque tú aún procedes a ofrecer tus favores, enviando a tus profetas y mensajeros para pedir la reforma de la vida en todos los estados. Incluso de lo más alto a lo más bajo, todos fueron separados de ti (sí, incluso aquellos que deberían haber sido las lámparas para otros); Algunos, estoy seguro, temblaron y temblaron, y desde el fondo de sus corazones sufrieron una enmienda, y con el mismo propósito hicieron un gran llamado a la disciplina. Pero entonces estalló el veneno que antes acechaba; entonces podrían no contener sus voces a pesar, pero con la boca abierta lloró, no tendremos a nadie que reine sobre nosotros. Entonces, digo, era cada hombre tan robusto que no sería traído en esclavitud; No, no a ti, Señor, pero con desdén la multitud arrojó de ellos el amable yugo de Cristo Jesús. Ningún hombre sufriría la represión de su pecado, ningún hombre sería llamado a juicio por su vida. Y así te rechazaron, oh Señor, y tu Hijo Cristo Jesús como su pastor, protector y príncipe. Y por lo tanto, los has entregado en una mente reprobada. Tú les has quitado el espíritu de audacia, de sabiduría y de juicio justo. Ven su propia destrucción y, sin embargo, no tienen la gracia de evitarla. Sí, se han vuelto tan ciegos, que, conociendo el foso, se lanzan precipitadamente al mismo, como lo hace hoy la nobleza de

Inglaterra, luchando en la defensa de su enemigo mortal, el español. Finalmente, están tan desprovistos de comprensión y juicio, que aunque saben que hay libertad de la que han disfrutado sus predecesores, se ven obligados a inclinarse ante el yugo de Satanás y de sus orgullosos ministros Papistas pestilentes y orgullosos españoles. Y, sin embargo, no pueden considerar que donde una mujer reina y los papistas tienen autoridad, se necesita a Satanás, como presidente del consejo. Así, oh Señor, en tu ardiente disgusto, vengaste el desprecio de tus gracias ofrecidas. Pero, Señor, si retienes la ira hasta el final, ¿qué carne es capaz de sostener? Hemos pecado, oh Señor, y no somos dignos de ser aliviados. Pero digno eres, oh Señor, de ser un verdadero Dios, y digno es tu Hijo, Cristo Jesús, para que su Evangelio y su gloria avancen, que ambos están pisoteados en este cruel asesinato y persecución, que los constructores de Babilonia cometen en su Furia, han levantado contra tus hijos para el establecimiento de su reino. Deja que los sollozos de tus prisioneros, oh Señor, pasen a tus oídos; consideren su aflicción; y deja que los ojos de tu misericordia miren hacia abajo sobre la sangre de los que mueren por el testimonio de tu eterna verdad; y no dejes que tus enemigos se burlen de tu juicio para siempre. A ti, oh Señor, vuelvo mi corazón miserable y malvado; a ti solo dirijo mi queja y gemidos; porque en esa isla para tus santos no queda ningún consuelo.

Si bien he hablado (con mi Dios en la angustia de mi corazón) un tanto sumido, sin embargo, no he olvidado por completo mi proposición anterior, a saber, que es una cosa repugnante para el orden de la naturaleza que cualquier mujer sea exaltada para gobernar sobre hombres porque Dios le ha negado el oficio de ser jefatura. Y en el ruego de esta parte, recuerdo que he hecho que la nobleza tanto de Inglaterra como de Escocia sea inferior a las bestias brutales, por el hecho de que lo hacen con las mujeres ningún macho de la especie de las bestias puede demostrar que haga lo mismo con su hembra, es decir, reverenciarlas, y temblar ante su presencia; obedecer sus mandamientos, eso es contra Dios. Por eso los juzgo, no solo sujetos a mujeres, sino a esclavos de Satanás, y siervos de iniquidad. Si algún hombre piensa que estas son mis palabras afiladas o vehementes, que considere que la ofensa es más atroz que lo que se puede expresar con palabras. Porque donde todas las cosas se concluyen expresamente contra la gloria y la honra de Dios, y donde se manda derramar la sangre de los santos de Dios, ¿a quién juzgaremos, a Dios o el Diablo, como presidente de ese concilio? Es claro que Dios no gobierna por su amor, misericordia ni gracia en la asamblea de los impíos: entonces se apoya el que el Diablo, príncipe de este mundo, reina sobre tales tiranías. ¿Los siervos de quién serán juzgados como los que obedecen y ejecutan su tiranía? ¡Dios, por su gran misericordia, ilumine los ojos de los hombres, para que puedan comprender la miserable esclavitud que les trae el imperio monstruoso de las mujeres!

El segundo espejo que Dios ha puesto ante los ojos del hombre, en el que puede contemplar el orden que agrada su sabiduría, con respecto a la autoridad y el dominio, es la nación, a la que le agrada a su majestad nombrar y dar leyes, estatutos, ritos y ceremonias, no solo concernientes a la religión, sino también tocando su política y gobierno de la misma. Y contra esa orden, manifiestamente repugna, que cualquier mujer ocupe el trono de Dios, es decir, el asiento real, que por su palabra ha designado al hombre; Como al dar la ley a Israel, es evidente la elección de un rey. Porque así está escrito: "*Ciertamente pondrás por rey sobre ti al que Jehová tu Dios escogiere; de entre tus hermanos pondrás rey sobre ti; no podrás poner sobre ti a hombre extranjero, que no sea tu hermano.*"[Deut. 17:15] Aquí expresamente hay un hombre designado para ser elegido rey y un hombre nativo entre ellos; por tal precepto son todas las mujeres y todos los extraños aislados.

Lo que se puede objetar por la parte o la elección de un extraño será, si Dios quiere, contestado en EL TOQUE DE LA SEGUNDA TROMPETA.[10] Por esta presente, digo, que erigir a una mujer para ese honor no es solo invertir el orden que Dios ha establecido, pero también es para profanar, contaminar y profanar (hasta donde se encuentra en el hombre) el trono y el asiento de Dios, que él ha santificado y designado solo para el hombre, en el curso de esta miserable vida, para ocupar y poseer como su ministro y teniente, apartando de la misma a todas las mujeres, como se expresa anteriormente. Si alguien piensa que la ley escrita solo obliga a los judíos, que el mismo hombre considere que la elección de un rey y el nombramiento de jueces no pertenecen a la ley ceremonial, ni que tampoco fue meramente judicial, sino que se derivó de La ley moral, como ordenanza, respetando la conservación de ambas Tablas. Porque el cargo de magistrado debe tener el primer y principal respeto a la gloria de Dios, ordenado y contenido en la Tabla anterior, como lo demuestra lo que Dios le ordenó a Josué, a qué hora fue aceptado y admitido como gobernante y gobernador de su pueblo, en estas palabras: *"Esfuérzate y sé valiente; porque tú repartirás a este pueblo por heredad la tierra de la cual juré a sus padres que la daría a ellos. Solamente esfuérzate y sé muy valiente, para cuidar de hacer conforme a toda la ley que mi siervo Moisés te mandó; no te apartes de ella ni a diestra ni a siniestra, para que seas prosperado en todas las cosas que emprendas. Nunca se apartará de tu boca este libro de la ley, sino que de día y de noche meditarás en él, para que guardes y hagas conforme a todo lo que en él está escrito; porque entonces harás prosperar tu*

---

10   Knox nunca escribió El segundo toque de la trompeta, ni ningún otro de los toques planeados originalmente, pero publicó un resumen de lo planeado para el Segundo toque en 1558 en respuesta a las críticas y quejas sobre la vehemencia de su lenguaje en el Primer Toque... Ver Las obras de John Knox recopiladas y editadas por David Lang, volumen cuarto. Edimburgo: Johnstone y Hunter, 1755, p. 539 - ed.

camino, y todo te saldrá bien." [Josué 1:6-8] Y el mismo precepto lo da Dios por la boca de Moisés a los reyes, después de ser elegidos, en estas palabras: *"Y cuando se siente sobre el trono de su reino, entonces escribirá para sí en un libro una copia de esta ley, del original que está al cuidado de los sacerdotes levitas."* [Deut. 17:18] De estos dos pasajes es evidente que principalmente corresponde al rey, o al magistrado principal, conocer la voluntad de Dios, ser instruido en su ley y estatutos, y promover su gloria con todo su corazón y escudriñar los que son los puntos principales de la Primera Tabla. Ningún hombre niega, sino que la espada está entregada al magistrado, a fin de que castigue el vicio y mantenga la virtud. Para castigar el vicio, digo, no solo para castigar lo que perturba la tranquilidad de la nación, por adulterio, robo o asesinato cometidos, pero también por vicios que impugnan abiertamente la gloria de Dios, como la idolatría, la blasfemia y la herejía manifiesta, enseñados y mantenidos obstinadamente, como lo hacen las historias y los hechos notables que Ezequías, Josafat y Josías nos enseñaron, cuyo examen y cuidado no solo glorificaron a Dios con su propia vida y conversión, sino que también hicieron más para llevar a sus súbditos a la verdadera adoración y honra de Dios y destruyeron todos los monumentos de la idolatría, castigaron hasta la muerte a los maestros de la misma, y les destituyeron de su cargos y honores, ya que fueron guardadores de tales abominaciones: por lo que, supongo que es evidente, que el cargo del rey o magistrado supremo tiene sumisión a la ley moral, y a la conservación de ambas Tablas.

Ahora, si la ley moral es la voluntad constante e inmutable de Dios, a la que el gentil no está menos atado que el judío; y si Dios quiere, que entre los gentiles se designe ahora a los ministros y ejecutores de su ley, como a veces fueron nombrados entre los judíos; además, si la ejecución de la justicia no es menos necesaria en la política de los gentiles, como siempre lo fue entre los judíos; ¿Qué hombre puede ser tan tonto de suponer o creer, que Dios ahora admitirá a esas personas para juzgar, o para reinar sobre los hombres en la comunidad de los gentiles, a quienes él, mediante su expresada palabra y ordenanza, hizo antes de excluirlos de la ley de lo mismo? Y las mujeres estaban aisladas del trono real, que debería ser el santuario para todos los pobres afligidos, por lo que es justamente llamada la sede de Dios (además del pasaje antes mencionado de la elección de un rey, y además de los pasajes del Nuevo Testamento, que son los más evidentes), el orden y la elección que se mantuvo en Judá e Israel se manifiestan claramente Porque cuando los machos de la línea real fallaron, tan a menudo como ocurrió en Israel, y algunas veces en Judá, nunca entró en el corazón de la gente para elegir y promover a las hijas del rey (nunca tuvo tantas); pero sabiendo que la venganza de Dios sería derramada sobre el padre por la retirada de sus hijos, no tenían más respeto por su descendencia, sino que elegían a un hombre u otro según se juzgara al más apto para tal honor y autoridad. De tales premisas, concluyo (como antes) que promover a una mujer a la cabeza sobre los hombres es repugnante para la naturaleza, y una cosa muy contraria al orden que Dios ha aprobado en esa nación que él instituyó y gobernó con su palabra.

Pero ahora hasta el último punto, a saber, que el imperio de una mujer es algo que repugna a la justicia, y la destrucción de toda nación donde se recibe. Como prueba de lo cual, porque el asunto es más que evidente, usaré pocas palabras. Primero, digo, si la justicia es una voluntad constante y perpetua de dar a cada persona su propio derecho (como lo más sabio en todas las edades lo han definido) entonces dar o querer dar a cualquier persona lo que no es su derecho, debe repugnar ante la justicia. Pero reinar sobre el hombre nunca puede ser el derecho a la mujer, porque es algo que Dios le ha negado, como se declaró antes. Por lo tanto, promoverla a ese estado o dignidad no puede ser otra cosa que repugnancia a la justicia. Si no quisiera hablar más, esto sería suficiente. Porque excepto que pueden mejorar la definición de justicia o pueden rogar a Dios que revoque y vuelva a llamar su sentencia pronunciada contra la mujer, se verán obligados a admitir mi conclusión. Si alguien encuentra faltas en la justicia como se define, él bien puede acusar a otros, pero a mí no me hará daño, porque tengo el escudo, el arma y la garantía de Él, quien seguramente defenderá este cuartel, y él me manda a rogar: *"Todo lo que repugna a la voluntad de Dios, expresada en su palabra más sagrada, repugna ante la justicia: pero que las mujeres tengan autoridad sobre los hombres, repugna a la voluntad de Dios expresada en su palabra: y, por lo tanto, mi Autor me manda a que concluya, sin temor, que toda autoridad semejante repugne ante la justicia".* La primera parte del argumento, confío, no se atreve a negar ni a los judíos ni a los gentiles, porque es un principio no solo confesado universalmente, sino también tan profundamente impreso en el corazón del hombre, ya sea su naturaleza nunca tan corrompida, que ya sea que lo haga o no, se ve obligado en un momento u otro a reconocer y confesar que la justicia es violada cuando se hacen cosas contra la voluntad de Dios, expresadas por su palabra. Y para esta confesión, no son menos obligados y limitados los reprobados que los hijos elegidos de Dios, aunque sea para un fin diverso. Los elegidos, con disgusto de su hecho, confiesan su ofensa, teniendo acceso a la gracia y la misericordia, al igual que Adán, David, Pedro y todos los demás ofensores penitentes. Pero los reprobados, a pesar de que están obligados a reconocer la voluntad de Dios para ser justos, la que han ofendido, sin embargo, nunca están disgustados interiormente con su iniquidad, sino que se enojan, se quejan y braman contra Dios, de cuya venganza no pueden escapar, como fueron Caín, Judas, Herodes, Juliano llamados Apóstatas, así también Jezabel y Atalía.

Para Caín, sin duda, estaba convencido en conciencia de que había hecho algo contra la justicia al asesinar a su hermano (Gén. 1). Judas lo hizo abiertamente ante el sumo sacerdote, confesando que había pecado al traicionar sangre inocente (Mat. 27). Herodes siendo golpeado por el ángel, se burló de sus aduladores y les dijo: "He aquí tu Dios" (significado de sí mismo) "no puede ahora preservarse de la corrupción y los gusanos". Juliano se vio obligado a gritar: "O, ¡Galileo!" (Así siempre desdeñosamente nombró a nuestro Salvador Jesucristo) "ya has vencido". Y ¿quiénes dudaron de Jezabel y Atalía, antes de su miserable final, fueron convencidos en sus cancerosas conciencias para reconocer que el asesinato que habían cometido, y el imperio que los seis años usurparon, repugnaban ante la justicia? Aun así, no dudo que hoy en día quienes poseen y mantienen esa autoridad monstruosa de las mujeres, pronto se verán obligados a reconocer que sus estudios y dispositivos se han inclinado contra Dios, y que toda autoridad como las mujeres han usurpado se repugna ante la justicia: porque, como he dicho, repugna a la voluntad de Dios expresada en su palabra sagrada. Y si alguien duda de esto, que marque bien las palabras del apóstol, diciendo: "*Porque no permito a la mujer enseñar, ni ejercer dominio sobre el hombre, sino estar en silencio.*" *[1 Tim. 2:12].* Ningún hombre, confío, negará que estas palabras del apóstol son la voluntad de Dios expresada en su palabra; y él dice abiertamente: "*No permito*", etc., que es tanto como "*No lo haré*", que una mujer tenga autoridad, cargo o poder sobre el hombre; porque tanto importa la palabra griega αυθεντειν ("*no estoy permitiendo*") en ese lugar. Ahora, que hombre y ángel conspiren contra Dios; que pronuncien sus leyes, y digan: "Vamos a permitir que las mujeres asuman autoridad" ¿quién puede, entonces, deponerlas? Sin embargo, esta palabra del Dios eterno, pronunciada por boca de un hombre débil, los llevará al infierno a todos. Jezabel puede, por un tiempo, dormir tranquilamente en la cama de su fornicación y prostitución; ella puede enseñar y engañar por un tiempo; pero tampoco se preservará a sí misma, ni tampoco a sus hijos adúlteros, de la gran aflicción y de la espada de la venganza de Dios, que en breve comprenderá tales obras de iniquidad. La amonestación la postergo hasta el final.

Aquí podría traer la opresión y la injusticia que se comete contra los reinos y las naciones, que a veces vivían libres, y que ahora son llevadas a la esclavitud de naciones extranjeras por la autoridad monstruosa y el imperio de las mujeres. Pero eso lo postergo hasta una mejor oportunidad. Y ahora creo que es conveniente responder a tales objeciones que los hombres carnales y mundanos, sí, los hombres ignorantes de Dios, utilizan para mantener esta tiranía (autoridad a la que no se puede llamar) y al imperio más injusto de la mujer.

Primero, objetan los ejemplos de Débora, y de Hulda, la profetisa, la primera juzgó a Israel y la segunda, por como se observa, enseñó y exhortó.

En segundo lugar, objetan la ley hecha por Moisés para las hijas de Zelofehad.

En tercer lugar, el consentimiento de los estados de los reinos que han aprobado el imperio y el gobierno de las mujeres.

Y, por último, la larga costumbre que ha recibido el gobierno de las mujeres, sus actos valerosos y su prosperidad, junto con algunas leyes papistas que han confirmado lo mismo.

A la primera sentencia respondo, *los ejemplos particulares no establecen una ley común.* Las causas solo las conocía Dios, el por qué tomó el espíritu de sabiduría y fuerza de todos los hombres de esas edades; y ayudó tan poderosamente a las mujeres en contra de la naturaleza, y en contra de su manera ordinaria, que la que hizo un libertador a su pueblo afligido Israel, y a la otra, le dio no solo perseverancia en la verdadera religión cuando la mayoría de los hombres había declinado de la misma, sino también a ella le dio el espíritu de profecía, para asegurarle al rey Josías las cosas por venir. Con estas mujeres, digo, hizo Dios obra poderosa y milagrosa; sí, a ellas les dio la más singular gracia y privilegio. Pero, ¿quién ha ordenado que se establezca una ley pública, sí, una ley tiránica y grandemente perversa sobre estos ejemplos? Los hombres que se oponen a lo mismo no son totalmente ignorantes de que los ejemplos no tienen fuerza cuando la pregunta es de derecho: como si tuviera que preguntar, ¿qué matrimonio es legal? Y se debe responder que es legítimo para el hombre no solo tener muchas esposas a la vez, sino que también es lícito casarse con dos hermanas y disfrutarlas viviendo a la vez, porque David, Jacob y Salomón, siervos de Dios, hizo lo mismo: confío en que ningún hombre justifique la vanidad de esta razón. O si la pregunta fuera demandada, si ¿un cristiano, con buena conciencia, puede defraudar, robar o engañar? y se hizo una respuesta, para que así lo hiciera el ejemplo de los israelitas, quienes, por orden de Dios, engañaron a los egipcios y los despojaron de sus vestiduras, oro y plata: creo que esta razón debería ser burlada. ¿Y qué fuerza mayor tiene el argumento anterior? Débora gobernó en Israel, y Hulda pronunció profecía en Judá: es decir, es lícito que las mujeres reinen sobre los reinos y las naciones, o que enseñen en presencia de los hombres. La consecuencia es vana, y sin efecto. Por ejemplo, como se declaró antes, no podemos establecer ninguna ley; pero siempre estamos atados a la ley escrita, y al mandamiento expresado en la misma. Y la ley escrita y pronunciada por Dios prohíbe nada menos que cualquier mujer reine sobre el hombre, le prohíbe al hombre tomar una pluralidad de esposas, casarse con dos hermanas que viven al mismo tiempo, robar, hurtar, asesinar o mentir. Si alguno de estos ha sido transgredido, y a pesar de todo Dios no ha imputado lo mismo, eso no hace que el hecho o lo semejante sea legal para nosotros. Para que Dios sea libre, puede, por la causa aprobada por su inescrutable sabiduría, prescindir del rigor de su ley, y puede usar a sus criaturas a su gusto. Pero no se permite el mismo poder al hombre, a quien ha sometido a su ley y no a los ejemplos de los Padres. Y esto me parece suficiente para los espíritus razonables y moderados.

Pero para reprimir la furia de la locura de las mujeres, descenderé un poco más profundamente en el asunto, y no temeré afirmar, que al encontrar un espíritu contrario en todas estas mujeres malvadas, que en este día sea exaltada en esta autoridad tiránica, al espíritu que estaba en esas gobernadoras piadosas, no temo afirmar que su condición es diferente y que su fin será diverso. En esas gobernadoras encontramos que el espíritu de misericordia, verdad, justicia y humildad reinó. Debajo de ellas encontramos que Dios mostró misericordia a su pueblo, liberándolos de la tiranía de los extraños y del veneno de la idolatría, por las manos y el consejo de esas mujeres. Pero en estas de nuestras edades, encontramos crueldad, falsedad, orgullo, codicia, engaño y opresión. En ellos también encontramos el espíritu de Jezabel y Atalía; debajo de ellas encontramos a la gente simple oprimida, la verdadera religión extinguida, y la sangre de los miembros de Cristo más cruelmente derramada. Y, finalmente, por sus prácticas y engaños encontramos antiguos reinos y naciones entregadas y traicionadas a manos de extraños, los títulos y libertades de ellos tomados de los poseedores justos. Lo que es un testimonio evidente, lo diferente que es nuestra malvada Mary para Débora, bajo la cual los extraños fueron expulsados de Israel, Dios la levantó para ser madre y liberadora de su pueblo oprimido. Pero (¡ay!) Él ha levantado a estas Jezabeles para que sean las plagas más extremas, la cual el desagrado del hombre ha merecido por mucho tiempo. Pero su secreto y el más justo juicio no los excusará, ni sus mantenedores, porque sus consejeros son diversos.

Pero para perseguir mi propósito, dejemos que el deseo de defender a estos monstruos en su tiranía pruebe, primero, que sus amantes soberanas sean como Débora en piedad y compasión y, en segundo lugar, que el mismo éxito siga a su tiranía, que siguió al gobierno extraordinario de esa gobernadora piadosa. Qué cosa, aunque fueron capaces de hacer (como nunca lo harán, que soplen hasta que exploten), su ejemplo no les beneficiará en absoluto. Porque nunca pueden probar que Débora, o cualquier otra mujer piadosa (que tenga la recomendación del Espíritu Santo dentro de las Escrituras) haya usurpado la autoridad sobre cualquier reino o nación por motivo de su nacimiento y sangre; ni tampoco que lo haya reclamado por derecho o por herencia; pero Dios, por su singular privilegio, favor y gracia, eximió a Débora de la maldición común dada a las mujeres en ese sentido: y contra la naturaleza la hizo prudente en su consejo, fuerte en valor, feliz en el gobierno, y bendita madre y liberadora para su gente. Lo que hizo, en parte para avanzar y dar a conocer el poder de su majestad, tanto a sus enemigos como a su propio pueblo, en eso, se declaró capaz de dar salvación y liberación por medio de los vasos más débiles; y en parte lo hizo para confundir y avergonzar a todos los hombres de esa edad, porque tenían en su mayor parte declinaron de su verdadera obediencia. Y, por lo tanto, se les quitó el espíritu de valor, gobierno y audacia durante un tiempo, para su confusión y mayor humillación. Pero, ¿qué hace esto para Mary y su pareja, Felipe? Una cosa que pediría es que dependa del ejemplo de Débora, si ella era viuda o esposa cuando juzgó a Israel, y ¿cuándo Dios dio esa victoria notable a su pueblo debajo de ella? Si respondieran que ella era viuda, les contaría el testimonio del Espíritu Santo, atestiguando que ella era la esposa de Lapidot (Jueces 4). Y si van a cambiar y alegar que así podría llamarse, a pesar de que su esposo estaba muerto: les insto a seguir adelante, que no pueden demostrar que se trate de una frase y manera de hablar comunes en las Escrituras, que una mujer será llamada esposa de un hombre muerto, salvo que se agregue alguna nota, por lo que se puede saber que su esposo fue difunto, como es testigo de Anna [Lucas 2:36-37]. Pero en este pasaje del libro de los Jueces, no hay una nota agregada de que su esposo deba estar muerto, sino el contrario expresado. El texto dice: *"Gobernaba en aquel tiempo a Israel una mujer, Débora, profetisa, mujer de Lapidot"* [Jueces 4:4]. El Espíritu Santo habla claramente: ¿en qué momento juzgó a Israel y fue esposa de Lapidot? Si ella era esposa, y si gobernaba sola en Israel, entonces pregunto: ¿Por qué no prefirió ella que su esposo tuviera el honor de ser el capitán y líder del ejército del Señor? Si alguien piensa que era su marido quien detentaba tal cargo, el texto prueba lo contrario; pues afirma que Barac, de la tribu de Neftalí, fue designado para ello. Si Barac hubiera sido su esposo, ¿con qué propósito el Espíritu Santo debió haber notado tan diligentemente a la tribu, y otro nombre del que se había expresado antes? Sí ¿para qué se debe tener en cuenta que ella lo envió y lo llamó? De lo cual no dudo, sino que todo hombre razonable considera que este Barac no era su marido; y, por lo tanto, es evidente que su juicio o gobierno en Israel no fue un poder usurpado como el que nuestras Reinas poseen injustamente este día; sino que era el espíritu de profecía que descansaba sobre ella, al momento que la multitud del pueblo había actuado malvadamente a los ojos del Señor; por medio del cual ella reprendió la idolatría y la iniquidad de la gente, exhortándolos al arrepentimiento y, al final, les trajo este consuelo, que Dios los libraría de la esclavitud y las tropas de sus enemigos. Y esto podría hacer, a pesar de que otro ocupaba el lugar del Magistrado Supremo (si hubiera alguno en aquellos días en Israel), porque así lo descubrió Hulda, la esposa de

Shalum, en los días de Josías, rey de Judá, profetisa y consuela al rey; y, sin embargo, se resignó a ella, ni el cetro ni la espada [2 Reyes 22].

Esa es nuestra interpretación, de qué manera Débora juzgó en Israel, es el verdadero significado del Espíritu Santo, la ponderación y el peso de la historia demostrarán de manera manifiesta. Cuando ella envíe a Barac ¿en nombre de quién le da el cargo? ¿Le habla como los reyes y príncipes hablan a sus súbditos en tales casos? No, pero ella habla como la que tuvo una revelación especial de Dios, que ni Barac ni el pueblo conocían, diciendo: *"¿No te ha mandado Jehová Dios de Israel?"* Este es su prefacio, por el cual ella lo haría despertar los sentidos aburridos de Barac y del pueblo, dispuestos a persuadirlos de que llegaba el momento en que Dios se mostraría como su protector y libertador; en cuyo prefacio, ella usurpa a sí misma ni poder ni autoridad. Porque ella no dice: "Yo soy tu princesa, tu amante, tu dama y reina soberana, y te mando sobre tu lealtad, y bajo pena de traición, para ir y reunir un ejército". No, se despoja de todo poder de mando, atribuyendo esa autoridad a Dios, de quien tuvo su revelación y certeza para nombrar a Barac capitán, que luego aparece más claramente. Porque cuando ella le había declarado todo el consejo de Dios, nombrando a él también el número de sus soldados, como las tribus de las cuales deberían ser reunidas; y cuando ella había designado el lugar de la batalla (que no pudo haber hecho sino por una revelación especial de Dios) y le había asegurado la victoria en el nombre de Dios, y sin embargo, él se desmayó y se negó abiertamente a entrar en ese viaje, excepto si la profetisa lo acompañaba; ella no usó contra él ningún poder externo, no lo amenazó con rebelión y muerte, sino para asegurar su débil corazón y su débil conciencia, estando contenta de ir con él, dice, *"Iré contigo; mas no será tuya la gloria de la jornada que emprendes, porque en mano de mujer venderá Jehová a Sísara"* [Jueces 4:9]. Los que tienen más placer en la luz que en la oscuridad pueden percibir claramente que Débora no usurpó el poder ni la autoridad que nuestras reinas reclaman en este día; pero que fue investida con el espíritu de sabiduría, de conocimiento y del verdadero temor de Dios, y por lo mismo ella juzgó los hechos del resto de la gente. Ella reprendió la deserción e idolatría de ellos, sí, y también corrigió a su poder las heridas que se hicieron de hombre a hombre. Pero todo esto, digo, lo hizo por la espada espiritual, es decir, por la palabra de Dios, y no por ningún gobierno temporal o autoridad que ella usurpó sobre Israel, en la cual, supongo, en ese momento no había magistrado legítimo, debido a su gran aflicción; porque así sucedió con la historia, diciendo: "Y muriendo Aod... Jehová los vendió en mano de Jabín rey de Canaán", y él, junto a Sísara, su capital, afligió a Israel en gran medida durante veinte años. Y la misma Débora, en su canción de acción de gracias, confiesa que antes de que se levantara madre en Israel, y en los días de Jael, no había más que confusión y problemas. Si alguien se adhiere al término, diciendo que el Espíritu Santo dice "que ella juzgó a Israel", hágales entender que ni la palabra hebrea, ni el latín, significa siempre juicio civil, ni la ejecución de la espada temporal, sino más comúnmente se toma en el sentido que hemos expresado antes. Porque de Cristo se dice: " *Y* [Él] *juzgará entre las naciones*" [Isaías 2:4] y que "él juzgará entre muchos pueblos» [Miqueas 4:3] y, sin embargo, es evidente que no fue ministro de la espada temporal. Dios ordena a Jerusalén y a Judá que juzguen entre él y su viña (Isaías 5) y, sin embargo, no los nombró a todos como magistrados civiles. A Ezequiel se le dice: "*¿Los quieres juzgar tú, hijo de hombre?*" [Ez. 20:4]. Y después, "*¿no juzgarás tú, no juzgarás tú a la ciudad derramadora de sangre, y le mostrarás todas sus abominaciones?*" [Ez. 22:2] Y también: "*He aquí yo juzgo entre oveja y oveja, entre carneros y machos cabríos.*" [Ez. 34:17] Y tales pasajes en gran número, han de ser encontrados a lo largo de todas las escrituras.

Y, sin embargo, confío en que ningún hombre será tan tonto como para pensar, que Dios designó a cualquiera de los profetas para ser jueces políticos o para castigar los pecados del hombre mediante el castigo corporal. No, la forma de su juicio se expresa en estas palabras: *"Tú, hijo de hombre, ¿no juzgarás tú, no juzgarás tú a la ciudad derramadora de sangre, y le mostrarás todas sus abominaciones? Dirás, pues: ¡Así ha dicho Jehová el Señor! ¡Ciudad derramadora de sangre en medio de sí, para que venga su hora, y que hizo ídolos contra sí misma para contaminarse! En tu sangre que derramaste has pecado, y te has contaminado en tus ídolos que hiciste;"* [Ez. 22:2-4]. Así, digo, juzgan los profetas de Dios, pronunciando la sentencia de Dios contra los malhechores. Y por eso no dudo, pero Débora juzgó, a qué hora Israel se había negado a Dios, reprendió su deserción y los exhortó a que se arrepintieran, sin la usurpación de ninguna autoridad civil: y si la gente le otorgaba una reverencia u honor por un tiempo, como bien merecía su piedad y su feliz consejo, sin embargo, ¿no era el imperio que reclaman nuestros monstruos por el cual sus hijos o parientes más cercanos dejaron a su gobernante y juez en Israel después de ella? El Espíritu Santo no expresa tal cosa: de lo cual es evidente que, por su ejemplo, Dios no ofrece ninguna ocasión para establecer un gobierno de mujeres por encima de los hombres, los reinos y las naciones.

Pero ahora a la segunda objeción, en la que las mujeres requieren (en cuanto a ellas) nada más que equidad y justicia, mientras que ellas, y sus patrones para ellas, requieren dominio e imperio sobre los hombres. Porque esta es su pregunta: ¿No es lícito que las mujeres tengan su derecho y su herencia, como cuando a las hijas de Zelofehad les fue ordenado por la boca de Moisés, tener su porción de tierra en su tribu?

Respondo: No sólo es lícito que las mujeres posean su herencia, sino que también afirmo que la justicia y la equidad exigen que así sea. Pero con esto agrego lo que gustosamente no desean comprender, que *el dominio o la autoridad sobre el hombre nunca puede ser correcto ni hereditario para la mujer*: porque eso nunca puede ser herencia para cualquier persona que Dios, por su palabra, le ha negado claramente: pero a todas las mujeres Dios les ha negado autoridad sobre el hombre, como se manifiesta más claramente antes: por lo tanto, para ella nunca puede ser herencia. Y así, los defensores de nuestras damas deben proporcionar un mejor ejemplo y un argumento más sólido, ya que la ley hecha a favor de las hijas de Zelofehad no les servirá de nada. Y seguramente es una gran maravilla que, a la luz tan grande de la verdad de Dios, los hombres prefieran andar a tientas y vagar en la oscuridad. Para que hablen de conciencia, si la petición de cualquiera de estas mujeres antes mencionadas fuera a reinar sobre cualquier tribu, sí, o sobre cualquier hombre dentro de Israel. Es obvio que no lo hicieron, pero solo les exigieron que tuvieran una porción de terreno entre los hombres de su tribu, no sea que el nombre de su padre fuera abolido: Y esto se les concedió sin ningún respeto a ningún gobierno civil. ¿Y qué hace esto, por el establecimiento de este imperio monstruoso de mujeres? La pregunta no es: si las mujeres no pueden tener éxito con la posesión, la sustancia, el patrimonio o la herencia, como los padres pueden dejar a sus hijos, por lo que estoy de acuerdo, pero la pregunta es si las mujeres pueden suceder a sus padres en cargos, y principalmente a ese cargo, el ejecutor del que ocupa el lugar y el trono de Dios. Y que niego absolutamente, y temo no decir, que colocar a una mujer en autoridad por encima de un reino es contaminar y profanar el asiento real, el trono de la justicia, que debe ser el trono de Dios; y que mantenerlos en el mismo no es más que rebelarse continuamente contra Dios.

Hay una cosa que aún debe observarse en la ley hecha con respecto a la herencia de las hijas de

Zelofehad, a saber, que les estaba prohibido casarse sin su propia tribu, por temor a que una parte de lo que les correspondía fuera transferida de una tribu a otra, y así la tribu de Manasés debería ser estafada y estropeada su herencia justa por su ocasión. (Núm. 36) Para evitar eso, Moisés ordenó que se casaran en la familia o en la casa de la tribu con parientes de su padre. Es de extrañar que los defensores y patrocinadores del derecho de nuestras damas no consideraron ni reflexionaron sobre esta ley, antes de que aconsejaran a los príncipes ciegos y nobles indignos de sus países para que traicionaran sus libertades en manos de extraños. Inglaterra, para satisfacer los apetitos excesivos de ese cruel monstruo Mary (indigna, debido a su tiranía sangrienta por nombre de mujer) fue traicionada, por desgracia, al orgulloso español: y Escocia, por la arriesgada locura de los gobernantes tontos, y por las prácticas de una dama astuta, resignada también, bajo el título de matrimonio en poder de Francia. ¿Dicho traslado de los reinos y las naciones complace a la justicia de Dios? ¿O es la posesión legal a sus ojos, por tales medios obtenida? Estoy seguro de que no lo es. No de otra manera, digo, que esa posesión a la que los ladrones, asesinos, tiranos y opresores logran mediante robo, asesinato, tiranía, violencia, engaño y opresión, que Dios, según su juicio secreto (pero aún más justo), a menudo permite para el castigo, tanto de los que sufren como de los opresores violentos, pero nunca aprueban lo mismo como lícito y piadoso. Porque ¿si no permitiera que la herencia de los hijos de Israel pasara de una tribu a otra por el matrimonio de cualquier hija, a pesar de que todos eran un solo pueblo, todos hablaban una sola lengua, todos descendían de un solo padre, y todos profesaban un solo Dios y una sola religión: si aun así Dios no toleraría que la mercancía y el fruto habitual que se podría recoger de la porción de terreno limitado y asignado a una tribu pasara a otra, tolerará que las libertades, leyes, productos y frutos de reinos y naciones enteras se entreguen al poder y distribución de otros por motivo del matrimonio; y en los poderes de los que, además de ser de una lengua extraña, de maneras y leyes extrañas, también ignorantes de Dios, enemigos de su verdad, negadores de Cristo Jesús, perseguidores de sus verdaderos miembros y enemigos de toda virtud? Como lo manifiesta claramente la odiosa nación de españoles, que por muy mal que hagan contra Cristo Jesús, a quien sus antepasados crucificaron (para los judíos lo son, como lo atestiguan las historias, y ellos mismos confiesan) hacen este día una guerra clara contra todos los verdaderos profesantes de su Santo Evangelio. Y cómo ciega y escandalosamente el rey francés y sus pestilentes prelados luchan contra la verdad de Dios, las llamas de fuego que lamen la sangre inocente de los miembros de Cristo son testigos que por sus crueles edictos se notifica y proclama[11]. Y, sin embargo, para estos dos crueles tiranos (a Francia y España, me refiero) es el derecho y posesión de Inglaterra y Escocia apuntado. Pero justa o legal nunca será esa posesión, hasta que Dios cambie el estatuto de su ley anterior, lo que no hará por el placer del hombre. Porque no ha creado la tierra para satisfacer la ambición de dos o tres tiranos (Hechos 17), sino para la simiente universal de Adán, y ha designado y definido las fronteras de su habitación, a diversas naciones que asignan diversos países, como Él mismo confiesa, hablando a Israel con estas palabras: *"Y manda al pueblo, diciendo: Pasando*

---

11   En el año 1551, el edicto de Enrique II, conocido como el Edicto de Châteaubriand, contenía cuarenta y seis artículos que denunciaban el severo castigo de los luteranos, con el fin de reprimir la herejía y superar la astucia y la obstinación "de esta infeliz secta." Pero este y otros edictos similares no tenían tal efecto; y en mayo de 1553, cinco personas fueron quemadas en Lyon y otras cinco en el mismo año, además de las sufridas en París, Toulouse y otras partes de Francia. En este período, cada juez – en palabras de Sismondi – "se plaisoit à inventer pour les suppliciés des tourmens plus atroces." (Se complació en inventar para los torturados tormentos más atroces). (Histoire des Français, tomo xvii. Pp. 449, 515.)

vosotros por el territorio de vuestros hermanos los hijos de Esaú, que habitan en Seir, ellos tendrán miedo de vosotros; mas vosotros guardaos mucho. No os metáis con ellos, porque no os daré de su tierra ni aun lo que cubre la planta de un pie; porque yo he dado por heredad a Esaú el monte de Seir." [Deut. 2:4,5] Y él mismo es testigo de los hijos de Lot, a quienes les dio a Ar la posesión. Y Moisés afirma claramente que cuando el Todopoderoso distribuyó y dividió las posesiones a los gentiles, y cuando dispersó a los hijos de los hombres, entonces él estableció los límites y las fronteras de los pueblos, por el número de los hijos de Israel: De lo cual está claro, que Dios no ha expuesto la tierra en presa a los tiranos, haciendo que todas las cosas sean legales que por la violencia y el asesinato puedan poseer; pero que ha asignado a cada nación diferente una posesión diferente, deseando que estén contentos (como la naturaleza enseñó a un nativo afirmar) con esa porción que por sorteo solo significa que habían disfrutado (Cicero Offic. lib. 1). Porque lo que causa que Dios permita que su distribución sea perturbada, y que los reinos de las naciones antiguas estén poseídos por extraños, me demoro en este momento para rogar. Solo que he recitado, para que el mundo entienda que el reino, el imperio, y la autoridad de las mujeres no tiene base en las escrituras de Dios. Sí, que los reinos o provincias que posee su matrimonio no son más que una conquista injusta; porque la ley hecha para las hijas de Zelofehad ayuda tan poco a la causa de tus reinas, que lucha contra ellas, condenando su autoridad y su hecho. Pero Ahora a la tercera objeción.

El consentimiento, dicen ellos, de los reinos y las leyes pronunciadas y admitidas en este nombre, por costumbre durante largo tiempo, junto con la felicidad de algunas mujeres en sus imperios, han establecido su autoridad. A quien respondo, que ni la tiranía de los príncipes, ni la insensatez de la gente, ni las leyes perversas hechas contra Dios, ni la felicidad que en esta tierra puede suceder aquí, hacen que cosa lícita que por su palabra ha condenado manifiestamente. Porque si la aprobación de los príncipes y el pueblo, y las leyes hechas por los hombres, o el consentimiento de los reinos, pueden establecer algo contra Dios y su palabra, entonces la idolatría debería ser preferida por sobre la verdadera religión; porque más reinos y naciones, más leyes y decretos publicados por emperadores con el consentimiento común de sus consejos, han establecido uno que ha aprobado el otro: Y, sin embargo, creo que ningún hombre con buen juicio, por lo tanto, justificará y defenderá la idolatría; ningún hombre más debería mantener este odioso imperio de mujeres, aunque eso fuera aprobado por todos los hombres por sus leyes. Porque el mismo Dios, que en palabras sencillas prohíbe la idolatría, también prohíbe la autoridad de las mujeres sobre el hombre; como las palabras de san Pablo antes ensayadas nos enseñan claramente. Y por lo tanto, si las mujeres son depuestas de esa autoridad injusta (nunca lo han usurpado por mucho tiempo) o si se les niega todo el honor, temo no afirmar que no son defraudados de derecho ni de herencia. Porque para la mujer, ese honor nunca se le puede ser debido ni es legal (mucho menos por sucesión) cual Dios les ha negado tan ampliamente.

No ignoro que el ingenio sutil de los hombres carnales (que nunca puede ser traído a la obediencia de los preceptos simples de Dios) para mantener este imperio monstruoso tiene aún dos cambios vanos. Primero, alegan que, aunque las mujeres no pueden reinar absolutamente por sí mismas, porque no pueden juzgar, ni pronunciar una sentencia, ni ejecutar ningún cargo público, aún pueden hacer todas esas cosas por sus tenientes, delegados y jueces sustitutos. En segundo lugar, dicen, una mujer nacida para gobernar sobre cualquier reino puede elegir a su marido, y a él puede transferir y darle autoridad y derecho. A ambos respondo en pocas palabras. En primer lugar, que de una corrupta y venenosa fuente no puede brotar agua sana. En segundo lugar, que ninguna persona tiene poder para dar lo que no se corresponde con justicia a sí mismo: pero la autoridad de una mujer es una fuente corrompida, y por lo tanto de ella nunca puede surgir ningún oficial legítimo. Ella no nace para gobernar a los hombres, y por lo tanto no puede nombrar a nadie por su don, ni por su poder (que no tiene), al lugar de un magistrado legítimo; y, por consiguiente, todo aquel que recibe un cargo o autoridad de una mujer, es un oficial adúltero y bastardo ante Dios. Esto puede parecer extraño en la primera afirmación, pero si seremos tan indiferentes e iguales en la causa de Dios como lo podemos ser en la causa del hombre, la razón aparecerá repentinamente. El caso supuso, que un tirano por conspiración usurpó la sede real y la dignidad de un rey, y en el mismo se estableció, que nombró oficiales e hizo lo que quería durante un tiempo; y mientras tanto, el rey nativo hizo una inhibición estricta de todos sus súbditos, de que nadie debería adherirse a este traidor, ni recibir ninguna dignidad de él; sin embargo, honrarían al mismo traidor como rey y se convertirían en sus oficiales en todos los asuntos del reino. Si después el príncipe nativo recuperara su justo honor y posesión ¿debería estimar a cualquier hombre designado por el traidor para un magistrado legítimo, o por su amistoso y verdadero motivo? ¿O no debería, con una sola sentencia, condenar la cabeza con los miembros? Y si es así, ¿quién pudo acusarlo de rigor y mucho menos de condenar su sentencia de injusta? ¿Y nos atrevemos a negar el mismo poder a Dios en el caso similar? Porque esa mujer reina sobre el hombre, lo ha obtenido por traición y conspiración cometida contra Dios. ¿Cómo puede ser, entonces, que ella, siendo criminal y culpable de traición contra Dios cometida, pueda nombrar a cualquier oficial que le agrade a sus ojos? Es una cosa imposible. Por lo tanto, que los hombres que reciben la autoridad, el honor o el oficio de parte de las mujeres sean persuadidos con toda seguridad de que, al mantener ese poder usurpado, se declaran enemigos de Dios. Si alguien piensa que, por el hecho de que el reino y los estados den su consentimiento, establecimiento y autoridad a una mujer, sea legal y aceptable ante Dios, que los mismos hombres recuerden lo que he dicho antes, a saber, que Dios no puede aprobar el hacer ni el consentimiento de ninguna multitud que concluya nada contra su palabra y ordenanza; y, por lo tanto, deben tener una defensa más segura contra la ira de Dios que la aprobación y el consentimiento de una multitud ciega, o de lo contrario no podrán estar de pie ante la presencia del fuego, es decir, deben reconocer que el gobierno de una mujer es una cosa de las más infames ante la presencia de Dios; deben negarse a ser sus oficiales, porque es una traidora y rebelde contra Dios; y, finalmente, deben escudriñar para reprimir su excesivo orgullo y tiranía hasta el máximo de su poder. Lo mismo es el deber de la nobleza y los estados, por cuya ceguera se promueve a una mujer. Primero, en la medida en que han ofendido terriblemente a Dios, colocándose en autoridad tal como han sacado a Dios y a su palabra de la misma, sinceramente deben pedir la misericordia; y, al ser amonestados por su error y su maldito hecho, en señal y marca del verdadero arrepentimiento, con el común consentimiento, deben retractarse de lo que indiscretamente y por ignorancia han pronunciado; y deben, sin más demora, eliminar de la autoridad a todas las personas que, por usurpación, violencia o tiranía, posean lo mismo. Porque lo mismo hicieron Israel y Judá después de que se rebelaron de David, y Judá solo en los días de Atalía. (2 Reyes 11). Porque después de eso ella, al asesinar a los hijos de su hijo, había obtenido el imperio sobre la tierra, y había reinado infelizmente en Judá durante seis años, el sumo sacerdote Joiada reunió a los capitanes y los principales gobernantes del pueblo, y les mostró al hijo del rey, Joás, los obligó con un juramento de deponer a la mujer malvada y de promover al rey a su trono real; lo que hicieron fielmente, matando a su orden no solo a esa mujer cruel y malvada, sino también a la gente que destruyó el templo de Baal, rompió sus altares e imágenes y mató a Matán, el sumo sacerdote de Baal, antes que sus altares.

Lo mismo es el deber tanto de los estados como de las personas que han sido cegadas. Primero, deberían eliminar del honor y la autoridad a ese monstruo en la naturaleza: así llamo una mujer vestida con el hábito del hombre, sí, una mujer contra la naturaleza que reina sobre el hombre. En segundo lugar, si alguien pretende defender esa impiedad, no deben temer primero a pronunciar, y luego a ejecutar contra ellos la sentencia de muerte. Si algún hombre teme violar el juramento de obediencia que le han hecho a tales monstruos, permítales persuadirlos con toda seguridad de que, como el principio de sus juramentos, provenientes de la ignorancia, era el pecado, también lo es el propósito obstinado de mantener el mismo, nada más que la simple rebelión contra Dios. Pero de este asunto en EL SEGUNDO TOQUE DE TROMPETA, si Dios quiere, hablaremos más en general.

Y ahora, para poner fin al PRIMER TOQUE DE TROMPETA: viendo que por orden de la naturaleza; por la gran maldición pronunciada contra la mujer, por boca de S. Pablo, el intérprete de la sentencia de Dios; por el ejemplo de la nación en que Dios sembró su orden y su política; y finalmente, por el juicio de los escritores más piadosos, Dios ha desanimado a la mujer del gobierno, el dominio, el imperio y la autoridad sobre el hombre: Además, al ver que ni el ejemplo de Débora, ni la ley para las hijas de Zelofehad, ni tampoco el necio consentimiento de una multitud ignorante, podrá justificar lo que Dios ha condenado tan claramente; Que todos los hombres presten atención a la pelea y el motivo que a partir de ahora defiendan. Si Dios levanta un corazón noble para reivindicar la libertad de su país, y para reprimir el imperio monstruoso de las mujeres, que todos los que pretenden defenderlas, con toda seguridad, sepan que al hacerlo levantan la mano contra Dios, y que un día encontrarán su poder para luchar contra su insensatez. No permita que los corazones fieles, piadosos y valientes de los soldados de Cristo se desanimen por completo, ni que los tiranos se regocijen, aunque por un tiempo triunfen contra los que vigilan para reprimir su tiranía y alejarlos de la autoridad injusta. Por las causas únicas [que conoce Dios][12] del por qué sufren los soldados para fracasar en la batalla, a quienes, sin embargo, Él manda a pelear.

Como a veces hizo Israel luchando contra Benjamín. La causa de los israelitas fue la más justa; porque era para castigar esa abominación horrible de aquellos hijos de Belial, abusando de la esposa levita, a quien defendían los benjamitas; (Jueces 20) y tenían el precepto de Dios para asegurarles el buen hacer, ya que no sólo les ordenó que lucharan, sino que también nombró a Judá como su líder y capitán; y, sin embargo, cayeron dos veces en una batalla sencilla contra los adúlteros más malvados.

La causa secreta de esto, digo, solo la conoce Dios. Pero, por medio de sus evidentes escrituras, podemos asegurarnos de que, por tales medios, su sabiduría a veces derriba el orgullo de la carne (porque los israelitas al principio confiaban en su multitud, poder y fuerza) y, a veces, con tales derrocamientos, castigará las ofensas de sus propios hijos, y los lleva al conocimiento no fingido de los mismos, antes de que les otorgue la victoria contra los estafadores manifiestos, a los que, sin embargo, ha designado a la máxima perdición; como el final de esa batalla presenció. Porque aunque con gran asesinato los hijos de Israel cayeron dos ve-

---

12   "Las causas únicas:" Se suministran las palabras entre paréntesis, según sea necesario para que la oración sea clara.

ces ante los benjamitas, pero después de haber llorado ante el Señor, después de haber ayunado y hecho sacrificios en señal de su arrepentimiento sincero, prevalecieron así contra la orgullosa tribu de Benjamín, que después de que veinticinco mil hombres de guerra fuertes murieron en la batalla, destruyeron al hombre, la mujer, el niño y la bestia, tanto en los campos como en las ciudades, todas quemadas con fuego, de modo que solo quedaba una tribu entera. Seiscientos hombres, que huyeron al desierto, donde permanecieron cuatro meses, y así se salvaron (Jueces 20).

> El mismo Dios que ejecutó este severo castigo, incluso por las manos de quienes permitió dos veces que fuera vencido su pueblo en la batalla, este día conserva su poder y justicia. La maldita Jezabel de Inglaterra, con la generación despreciable y detestable de los papistas, no se jacta de alardear, de que han triunfado no solo contra Wyatt[13], sino

13   Sir Thomas Wyatt, hijo del distinguido estadista y poeta del mismo nombre, durante el reinado de Enrique VIII. Después de la inoportuna muerte de Eduardo VI, tras haberse unido al infructuoso esfuerzo por colocar a Lady Jane Gray en el trono, fue condenado por alta traición y fue ejecutado el 11 de abril de 1554. Goodman en su trabajo sobre la obediencia, con el fin de mostrar "Cuán peligroso es juzgar la causa por el éxito", se refiere, como Knox, al caso de los israelitas cuando luchan con la tribu de Benjamín; y al mencionar a Wyatt, entra en una justificación de su intento. En respuesta a la pregunta, "¿Qué lo movió entonces a esta empresa de peligros? él dice: "Verdaderamente, el celo de la verdad de Dios y la compasión que tuvo con su país por las miserias que vio se acercaron por el poder usurpado de la impía Jezabel, y sus despiadados papistas, los soldados del Anticristo". Luego exclama: "¡Oh noble Wyatt, ahora estás con Dios, y esos hombres dignos que murieron por esa empresa! ¡Feliz eres tú, y los que estás en tu herencia eterna, y liberados de las miserias de quienes eran tus enemigos en una causa tan justa y legítima! - Qué pueden decir sus nobles o consejeros por ustedes mismos en ese día cuando Dios pedirá a Yow que rinda cuentas (no sabrán qué tan pronto) que le han permitido a Wyatt, y con él a toda la iglesia y la Comunidad de Inglaterra, caer en manos de Los enemigos de Dios, y no lo rescatarían, algunos de ustedes tienen entonces en sus manos suficiente poder (...)".

también contra todos los que han hecho algo contra ellos o contra sus procedimientos. Pero que ella y ellos consideren, que aún no han prevalecido contra Dios; Su trono es más alto que el alcance de sus cuernos. Y que sigan considerando, que al comienzo de este reinado sangriento, la cosecha de su iniquidad no llegó a la madurez completa: ¡No! era tan verde, tan secreto que quiero decir, tan cubierto y tan escondido de hipocresía, que algunos hombres (incluso los siervos de Dios) pensaron que no era imposible, pero que los lobos podían convertirse en corderos, y también que la víbora podría retirar su veneno natural. Pero Dios, quien reveló en su tiempo los secretos de los corazones, y eso hará que sus juicios sean justificados incluso por los malvados, ha dado testimonio abierto de ella y su crueldad bestial. Para el hombre y la mujer, sabios e ignorantes, los nobles y los hombres de la clase inferior, los padres ancianos y las tiernas doncellas, y, finalmente, los huesos de los muertos, tanto las mujeres como los hombres, han probado su tiranía. De modo que ahora, no solo la sangre del Padre Latimer, del apacible hombre de Dios, el Obispo de Canterbury[14], del sabio y discreto Ridley, de la inocente Lady Jane Dudley[15], y muchos predicadores piadosos y dignos que no pueden ser olvidados, como el fuego ha consumido, y la espada de la tiranía más injustamente se ha derramado, clama venganza en los oídos del Señor Dios de los ejércitos; pero también los sollozos y las lágrimas de los pobres oprimidos, los gemidos de los ángeles, los vigilantes del Señor,

14   Arzobispo Cranmer.
15   Más conocida como la Lady Jane Grey. Ella disfrutó de la dignidad real solo trece días.

sí, y todas las criaturas terrenales abusadas por su tiranía, lloran continuamente y exigen la ejecución apresurada de la misma. Temo no decir que el día de la venganza que aprehenderá a ese horrible monstruo Jezabel de Inglaterra, y tal como se ha mantenido su monstruosa crueldad, ya está señalado en el consejo del Eterno: y realmente creo que está tan cerca, que ella no reinará tanto en la tiranía como hasta ahora ella ha hecho[16], cuando Dios se declare a sí mismo como su enemigo, cuando él derramará su desprecio sobre ella de acuerdo a su crueldad, y avivará los corazones de los que a veces la favorecieron con odio mortal contra ella, para que puedan ejecutar sus juicios. Y por lo tanto, que los que la ayuden, presten atención a lo que hacen; porque seguramente su imperio y reinado es un muro sin fundamento: quiero decir lo mismo de la autoridad de todas las mujeres. Ha sido subestimado este tiempo ciego que ha pasado, con la insensatez de la gente y con las leyes perversas de los príncipes ignorantes y tiranos. Pero el fuego de la palabra de Dios ya está puesto sobre esos puntales podridos (incluyo la ley del Papa con el resto) y en la actualidad se queman, aunque no contemplamos la llama. Cuando se consuman (tan pronto como lo serán, porque el rastrojo y la madera seca no pueden soportar el fuego por mucho tiempo) esa pared podrida, el imperio usurpado e injusto de las mujeres, caerá solo a pesar de todos

---

16   Esta predicción de Knox en cuanto a la rápida terminación del reinado de la reina Mary, a la que aquí interpreta Jezabel de Inglaterra, resultó ser correcta. Murió en el sexto año de su reinado, el 17 de noviembre de 1558, o dentro de los siete u ocho meses posteriores a la publicación de "El Primer Toque de Trompeta".

los hombres, a la destrucción de tantos como se esforzará por defenderlo. Y, por lo tanto, que se anuncie a todos los hombres, porque LA TROMPETA HA SIDO TOCADA YA UNA VEZ.

***Ustedes, los que temen al Señor, ¡alábenlo!
[Salmo 22:23]***

APÉNDICE

El siguiente comentario aparece en la p. 78 de la Apelación de JOHN KNOX, asignada "Desde Ginebra. El 14 de Julio, 1558."

IOHN KNOXE AL LECTOR:

Debido a que muchos se han ofendido con El Primer Toque de Trompeta, en la cual afirmo que promover a una mujer para que ejerza el dominio o el imperio por encima de cualquier reino, nación o ciudad, es repugnante para la naturaleza, es contumelia [un insulto] para Dios, y una cosa muy contraria a su ordenanza revelada y aprobada; y porque también, como algunos han prometido (según tengo entendido) una confutación de lo mismo, he retrasado el Segundo Toque hasta que aparezcan sus razones, por las cuales puedo ser reformado en opinión, de lo contrario tendré ocasión más simple y claramente para emitir mi juicio. Sin embargo, mientras tanto, por el descargo de mi conciencia y por evitar sospechas, que podrían generarse por mi silencio, no pude dejar de notificar estas proposiciones posteriores, que, por la gracia de Dios, me propongo tratar en el prometido Segundo Toque.

1. No es solo el nacimiento, ni la primacía de la sangre, lo que hace que un rey reine legalmente por encima de un pueblo que profesa a Cristo Jesús y su eterna verdad; sino en su elección debe observarse la ordenanza que Dios ha establecido en la elección de jueces inferiores.

2. Ningún idólatra manifiesto, ni un transgresor notorio de los preceptos santos

de Dios, debe ser promovido a ningún régimen público [gobierno], honor o dignidad en ningún reino, provincia o ciudad que se haya sometido a su bendito evangelio.

3. Ni puede jurar ni comprometer una promesa a ninguna de esas personas a obedecer y mantener a los tiranos contra Dios y contra su verdad conocida.

4. Pero si cualquiera precipitadamente ha promovido a cualquier persona manifiestamente malvada, o aún bajo ignorancia haber elegido a alguien así, que luego se declare indigno de gobernar por encima del pueblo de Dios (y tales son idólatras y perseguidores crueles), justamente pueden los mismos hombres denunciarlo y castigarlo, indiscretamente antes de que ellos nombren, designen y elijan.

"La lámpara del cuerpo es el ojo; así que, si tu ojo es bueno, todo tu cuerpo estará lleno de luz " [Mateo 6:22].

[Detrás de estas proposiciones está la gran verdad de que los gobernantes existen para la gente, y no la gente para los gobernantes.]

LA DEFENSA APOLOGÉTICA DE JOHN KNOX DE SU PRIMER TOQUE DE TROMPETA A LA REINA ELIZABETH.

12 de julio 1559. John Knox a Sir William Cecil.

El espíritu de la sabiduría sana a tu corazón, a la gloria de Dios y al consuelo de su mente afligida.

La causa de la presente es una humilde honra para pedirle que entregue esta otra carta adjunta al joven sorbo de gracia que contiene en simples palabras mi confesión, reconozco lo que pienso de su autoridad, hasta qué punto es justo, y lo que puede hacer que sea odioso en presencia de Dios.

Escuché que hay una refutación impresa *del primer toque.* Dios garantiza que el escritor no ha buscado más los favores del mundo, ni menos la gloria de Dios y la comodidad estable de su país, y lo hizo el que interpretó ese *toque* para defender su conciencia. Cuando tenga tiempo (que ahora es «estimado y recto para mí») para examinar ese trabajo, le comunicaré mi Juicio con respecto al mismo. El tiempo es seguro ahora, por todos esos golpes celestiales, que Cristo Jesús reina en esta isla, las libertades del mismo han de ser guardadas, por sus habitantes y en sus corazones para ser reunidos en El amor sincero y deberían más bien examinar cómo puede llevarse a cabo el mismo vanamente para tormento, para el mantenimiento de lo cual ya hemos visto el peligro, y hemos sentido el dolor.

Documentos Estatales, Escocia, vol. 1 art. 57. En oficina de Registro Público, Londres.

20 de julio 1559. Declaración de John Knox a la Reina Elizabeth.

Para la virtuosa y piadosa Elizabeth, por la gracia de Dios, Reina de Inglaterra, etc. John Knox le desea el perpetuo aumento del Espíritu Santo, etc.

"Ya que el descontento por parte de su majestad hacia mí, concebido de la manera más injusta, ha sido, y es para mi desdichado corazón un peso lamentable, casi intolerable; al igual que lo es el testimonio de una conciencia clara para mantener y defender, que en la desesperación no oculto, como más vehementes que nunca las tentaciones aparecen: ya que, en la presencia de Dios, mi conciencia mantiene el registro de que, ni maliciosa ni intencionalmente, he ofendido jamás a su majestad, ni a su reino; y por lo tanto, de la manera en que sea juzgado por el hombre, estoy seguro de ser absuelto por Él, quien solo conoce los secretos de los corazones. No puedo negar el haber escrito un libro sobre la autoridad usurpada, y un régimen injusto de mujeres; ni tampoco estoy aún inclinado a retirar, o retractarme de ningún punto principal, o proposición del mismo, hasta que la verdad y veracidad aparezcan más a fondo. Pero el por qué de que su majestad o cualquier otro que favorezca verdaderamente la libertad de Inglaterra, se ofenda con el autor de tal trabajo, no puedo concebir una ocasión en que sea justo. Ya que, primero, mi libro no se refiere a la persona de su majestad en especial, ni tampoco es perjudicial para ninguna libertad del reino, si el tiempo de mi escrito es considerado indiferente. ¿Cómo podría yo ser el enemigo de la persona de su majestad, cuya salvación he estudiado más, y he emprendido más allá que cualquiera de aquellos que me acusan? Y con respecto a su régimen, cómo podría, o puedo envidiar eso que más he deseado, y por lo que - como sufrirá el olvido - le doy las gracias verdaderamente a Dios, que es, ´El que le ha otorgado Su bondad eterna, para exaltar su cabeza, la que a veces estuvo en peligro, a la manifestación de su gloria, y a la extirpación de la idolatría'.

Y en cuanto a mi ofensa, la que he cometido en contra de Inglaterra, ya sea por escrito, o por medio de otro trabajo, no me negaré a que hombres moderados e indiferentes juzguen entre mi persona y aquellos que me acusan, a discernir, cuál de las dos partes le hace más daño a la libertad de Inglaterra. Puedo afirmar, 'Que ninguna mujer pueda ser exaltada sobre ningún reino, a hacer que la libertad del mismo cautivo a una nación extraña, orgullosa y cruel; o, que aprueben lo que sea que satisfaga a los príncipes por el momento.´ Si yo estuviese también dispuesto a acusar, como algunos de ellos - para su propia vergüenza - se han declarado a sí mismos; no me cabe duda que, en unas breves palabras, haré que los hombres razonables entiendan que algunos de los que hoy bajamente se arrodillan ante su majestad, y se empeñan en hacerme parecer odioso ante sus ojos, para su desgracia, ni se mostraron como amigos leales a su majestad, ni tampoco amorosos ni cuidadosos de su propio país de origen, como podría esperarse de ellos. Pero al omitir la acusación de otros, para mi propia purga, y la satisfacción de su majestad, digo que, nada de lo contenido en mi libro es, ni puede ser perjudicial para el régimen justo de su majestad, siempre y cuando ustedes no sean encontrados ingratos hacia Dios, los ingratos serán probados en la presencia de su trono - de la manera en que los aduladores justifiquen su facción - si ustedes transfieren la gloria de ese honor, del que ya forman parte, a cualquier otra cosa que no sea la dispensa de su misericordia, la que sólo hace legal para su majestad, lo que la naturaleza y la ley le niegan a toda mujer. Ni yo ni su majestad deben temer, que ésta su humillación frente a Dios pueda en caso alguno destemplar o debilitar la justa y legal autoridad de su majestad sobre los hombres. No, Señora, tal veraz confesión de los beneficios recibidos de

Dios será el establecimiento de la misma, no solo para ustedes, sino que para su semilla y posteridad; donde, por el contrario, un arrogante orgullo y elevación de sí mismos, será la ocasión en que su reino sea inestable, aproblemado y corto. Dios es testigo, de que yo realmente amo y venero a su majestad; sí, yo rezo, por que su reino sea largo, próspero y tranquilo; y que por la tranquilidad que los miembros de Cristo, antes perseguidos, han recibido bajo su reinado.

Pero si debiese adular a su majestad, no sería un amigo, sino un traidor embaucador, y por lo tanto, a conciencia estoy obligado a decir, que ni el consentimiento de la gente, el proceso del tiempo, ni una multitud de hombres puede establecer una ley que Dios apruebe; que lo que sea que él apruebe a través de su palabra eterna, será aprobada, y lo que sea que él condene será condenado, aunque todos los hombres en la tierra se aventuren a la justificación de lo mismo.

Y por lo tanto, señora, la única manera de conservar y mantener esos beneficios de Dios, por abundantes días puestos ante usted, y ante su reino, es entregarse genuinamente a Dios, a su misericordia, y no merecida gracia, la gloria completa de esto su exaltación. Olvide su nombre y título el cual ostenta; y considere profundamente, cómo por temor por su vida negó a Dios y se doblegó a la idolatría. No lo deje parecer una pequeña ofensa ante sus ojos, haber negado a Jesucristo en el día de su batalla. Tampoco debe usted considerar que la misericordia que ha recibido sea vulgar y común, y reconocer, que Dios ha cubierto su ofensa anterior, la ha preservado aun cuando haya sido de lo más desagradecida; y al final, la ha exaltado y elevado, no sólo desde el polvo, sino también del umbral de la muerte, para reinar sobre su gente, para el consuelo de Su iglesia. Le corresponde a usted, por lo tanto, el fundamentar su autoridad, no en la ley, la que cambia año tras año, sino a la eterna providencia de Él, quien, contrariamente a la naturaleza, y sin usted merecerlo, ha exaltado su cabeza. Si de esta manera en la presencia de Dios se degrada, de la misma manera en que en mi corazón glorifico a Dios para que le garantice descanso a este rebaño afligido dentro de Inglaterra, bajo usted un instrumento débil, así yo con mi lengua y mi pluma justificaré su autoridad y su régimen, ya que el espíritu santo ha justificado lo mismo en Deborah, esa madre bendecida en Israel. Pero si las premisas - Dios no lo permita - no se cumplen, y comience usted a alardear de su nacimiento, y a construir su autoridad y régimen a partir de su propia ley, - adulando a quien sea necesario - su felicidad será breve. Interprete mis maleducadas palabras de la mejor forma, como escritas por él, quien no es enemigo de su majestad.

"A través de diversas cartas he solicitado autorización para visitar su reino, no para proporcionarme ni comodidad ni descanso; el que si usted ahora niega, debo remitir mi causa a Dios, agregando esto como conclusión que es comúnmente esto visto como 'Que tal rechazo al consejo de un devoto - que nunca parece tan ingenioso- obliga a seguir el engaño de los aduladores a su propia perdición.' Que el todopoderoso Espíritu del Señor Jesús lleve su corazón a entender lo aquí expresado, le otorgue la discreción de espíritu, y que gobierne todos sus actos e iniciativas, que Dios sea en usted glorificado, Su iglesia edificada, y usted misma, un miembro vivaz de la misma, pueda ser un ejemplo de virtud y vida devota para todos los demás.

Que así sea. De Edimburgo, 28 de Julio, 1559.

Por su gracia totalmente para ordenar en piedad. Por el más alto derecho, a la excelente princesa Elizabeth reina de Inglaterra. Sean estos entregados.

Documentos Estatales, Escocia, vol. 1, art. 65.

20 de marzo 1561. Thomas Randolph a Sir William Cecil. [Desde Berwick, Tweed].

El Maestro Knox en ciertos artículos dados a mi Señor James en este tiempo ha mitigado algunas de las características del rigor de su libro, refiriéndose mucho al tiempo en que estuvo escribiendo.

Documentos Estatales, Escocia, vol. 6, art. 37.

5 de agosto 1561. Segunda defensa de John Knox a la reina Elizabeth.

Gracia de DIOS el Padre a través de nuestro Señor Jesús con perpetuo aumento de su espíritu santo.

Agradecer a su majestad, verdadera heredera que ha hablado a la Reina de Escocia (Mary Reina de Escocia), viajó formalmente para tener un tratado nombrado *"el primer toque de trompeta"*, rebatido por la respuesta de los Sabios de varios reinos, y más allá de eso trabajó para inflamar los corazones de los príncipes contra el escritor. Y debido a que puede parecer que su majestad tiene interés, que ella puede pensar en viajar con su gracia, su consejo, y hombres sabios para juzgar a un enemigo tan común para las mujeres y su gobierno. No era más que una tontería para mí recetarle a su majestad lo que se debe hacer en cualquier cosa, pero en especial en cosas que los hombres suponen hacer por sí mismos. Pero de una cosa creo que estoy seguro de mí mismo y por lo tanto no me atrevo a esconderlo. A sabiendas de que ni nuestro soberano temía tanto su propia propiedad por el motivo de ese libro, tampoco lo hizo por la tranquilidad de sus majestades y el reino, por lo que enfrentaría dolores tan grandes y fervientes a menos que su astuto consejo le permitiese hacer un disparo con una marca más lejana.

Hace dos años le escribí a su majestad mi Declaración completa sobre ese trabajo, experiencia ya que me he dado cuenta de que no estoy deseoso de innovaciones [es decir, en Gobierno], para que Cristo Jesús no esté en sus miembros abiertamente, pisoteado bajo los pies de los impíos. Con la purga furiosa no la molestaré a su majestad por la presente. Suplicamos al Eterno que ayude a su majestad en todos los asuntos, para que, a su vista, pueda ser encontrada aceptable, su gobierno provechoso para su vida común y sus hechos y acciones sean de tal justicia que puedan ser alabadas por todos los piadosos hasta la venida del señor JESÚS, a cuya poderosa protección comprometo sin pretensiones a su majestad.

Desde Edimburgo el 5 de agosto de 1561

Sus majestades, obedezcan al mandamiento piadosamente.

A la poderosa y excelente princesa Elizabeth, la magestuosa Reina de Inglaterra sean estos entregados.

Documentos Estatales, Escocia, vol. 6, art. 55.

A pesar de esta apelación triunfante a su ciudadanía tranquila bajo MARY STUART, la siguiente descripción de su madre muestra que el gran escocés nunca alteró su opinión privada sobre este tema.

"La paz, como se dice es contraída, la reina viuda llegó vía marítima a Francia, con galeras, que fueron preparadas para ese propósito, es decir los condes Huntly, Glencairn, Marshall, Cassillis, los señores Maxwell, Fleming, Sir George Douglas, junto con todos los hijos del rey y diversos barones y caballeros de estatus eclesiásticos, el obispo de Galloway, y muchos otros, con la promesa de que serían opulentamente recompensados por su buen servicio. Lo que recibieron no lo podemos revelar, pero algunos de ellos alardearon a su retorno. La viuda tuvo que practicar de alguna forma con su correligionario, el duque de Guise, y el cardenal de Lorraine, cuyo peso el gobernador luego sintió: ya que al poco tiempo de su retorno el gobernador fue sacado del gobierno, en forma justa por Dios, pero, de la forma más injusta por los hombres y ella asumió el poder en el año de Dios 1554; y se puso una corona sobre su cabeza, lo que pareció, si los hombres tenían ojos como poner una montura en el lomo de una vaca indisciplinada; y así comenzó a realizar prácticas de manera que Francia pudiese avanzar, sus amigos se hiciesen ricos y ella fuese llevada a la gloria inmortal: ya que esa era una conversación común para ella, "si es que puedo procurarle riqueza y honor mis amigos y una buena fama para mi, no me interesa lo que Dios haga conmigo después." En cada acción, con profundo disimulo para poner en práctica su propósito, se comportó como el tipo de mujer común, como luego oiremos; pero aún así Dios de cuyo evangelio ella se declaró enemiga, finalmente frustró todas sus estratagemas."

La Historia de la Iglesia de Escocia, pp. 192-293. ed. 1584.

JOHN KNOX